本书得到中国青年政治学院出版基金资助

中/青/文/库

解读网络话语走向

周 巍◎著

中国社会科学出版社

图书在版编目(CIP)数据

解读网络话语走向/周巍著.—北京:中国社会科学出版社,2016.9
ISBN 978 - 7 - 5161 - 8911 - 5

Ⅰ.①解… Ⅱ.①周… Ⅲ.①互联网络—传播媒介—研究
Ⅳ.①G206.2

中国版本图书馆 CIP 数据核字(2016)第 221744 号

出 版 人	赵剑英	
责任编辑	李炳青	
责任校对	董晓月	
责任印制	李寡寡	

出 版	中国社会科学出版社	
社 址	北京鼓楼西大街甲 158 号	
邮 编	100720	
网 址	http://www.csspw.cn	
发 行 部	010 - 84083685	
门 市 部	010 - 84029450	
经 销	新华书店及其他书店	

印 刷	北京金瀑印刷有限责任公司	
装 订	廊坊市广阳区广增装订厂	
版 次	2016 年 9 月第 1 版	
印 次	2016 年 9 月第 1 次印刷	

开 本	710×1000 1/16	
印 张	11.75	
插 页	2	
字 数	201 千字	
定 价	52.00 元	

《中青文库》编辑说明

　　《中青文库》，是由中国青年政治学院着力打造的学术著作出版品牌。

　　中国青年政治学院的前身是 1948 年 9 月成立的中国共产主义青年团中央团校（简称"中央团校"）。为加速团干部队伍革命化、年轻化、知识化、专业化建设，提高青少年工作水平，为党培养更多的后备干部和思想政治工作专门人才，在党中央的关怀和支持下，1985年 9 月，国家批准成立中国青年政治学院，同时继续保留中央团校的校名，承担普通高等教育与共青团干部教育培训的双重职能。学校自成立以来，坚持"实事求是，朝气蓬勃"的优良传统和作风，秉持"质量立校、特色兴校"的办学理念，不断开拓创新，教育质量和办学水平不断提高，为国家经济、社会发展和共青团事业培养了大批高素质人才。目前，学校是由教育部和共青团中央共建的高等学校，也是共青团中央直属的唯一一所普通高等学校。学校还是教育部批准的国家大学生文化素质教育基地、全国高校创业教育实践基地，是中华全国青年联合会和国际劳工组织命名的大学生 KAB 创业教育基地，是民政部批准的首批社会工作人才培训基地。学校与中央编译局共建青年政治人才培养研究基地，与国家图书馆共建国家图书馆团中央分馆，与北京市共建社会工作人才发展研究院和青少年生命教育基地。2006 年接受教育部本科教学工作水平评估，评估结论为"优秀"。2012 年获批为首批卓越法律人才教育培养基地。学校已建立起包括本科教育、研究生教育、留学生教育、继续教育和团干部培训在内的多形式、多层次的教育格局。设有中国马克思主义学院、青少年工作系、社会工作学院、法学院、经济管理学院、新闻传播学院、公共管理系、中国语言文学系、外国语言文学系9个教学院系，文化基础部、外语教学研究中心、计算机教学与应用中心、体育教学中心4个教学中心（部），中央团校教育培训学院、继续教育学院、国际教育交流学院3个教育培训机构。

学校现有专业以人文社会科学为主，涵盖哲学、经济学、法学、文学、管理学、教育学6个学科门类，拥有哲学、马克思主义理论、法学、社会学、新闻传播学和应用经济学6个一级学科硕士授权点、1个二级学科授权点和3个类别的专业型硕士授权点。设有马克思主义哲学、马克思主义基本原理、外国哲学、思想政治教育、青年与国际政治、少年儿童与思想意识教育、刑法学、经济法学、诉讼法学、民商法学、国际法学、社会学、世界经济、金融学、数量经济学、新闻学、传播学、文化哲学、社会管理19个学术型硕士学位专业，法律（法学）、法律（非法学）、教育管理、学科教学（思政）、社会工作5个专业型硕士学位专业。设有思想政治教育、法学、社会工作、劳动与社会保障、社会学、经济学、财务管理、国际经济与贸易、新闻学、广播电视学、政治学与行政学、汉语言文学和英语13个学士学位专业，同时设有中国马克思主义研究中心、青少年研究院、共青团工作理论研究院、新农村发展研究院、中国志愿服务信息资料研究中心、青少年研究信息资料中心等科研机构。

在学校的跨越式发展中，科研工作一直作为体现学校质量和特色的重要内容而被予以高度重视。2002年，学校制定了教师学术著作出版基金资助条例，旨在鼓励教师的个性化研究与著述，更期之以兼具人文精神与思想智慧的精品涌现。出版基金创设之初，有学术丛书和学术译丛两个系列，意在开掘本校资源与迻译域外精华。随着年轻教师的增加和学校科研支持力度的加大，2007年又增设了博士论文文库系列，用以鼓励新人，成就学术。三个系列共同构成了对教师学术研究成果的多层次支持体系。

十几年来，学校共资助教师出版学术著作百余部，内容涉及哲学、政治学、法学、社会学、经济学、文学艺术、历史学、管理学、新闻与传播等学科。学校资助出版的初具规模，激励了教师的科研热情，活跃了校内的学术气氛，也获得了很好的社会影响。在特色化办学愈益成为当下各高校发展之路的共识中，2010 年，校学术委员会将遴选出的一批学术著作，辑为《中青文库》，予以资助出版。《中青文库》第一批（15 本）、第二批（6 本）、第三批（6 本）、第四批（10 本）陆续出版后，有效展示了学校的科研水平和实力，在学术界和社会上产生了很好的反响。本辑作为第五批共推出 13 本著作，并希冀通过这项工作的陆续展开而更加突出学校特色，形成自身的学术风格与学术品牌。

在《中青文库》的编辑、审校过程中，中国社会科学出版社的编辑人员认真负责，用力颇勤，在此一并予以感谢！

序　言

　　数字媒体时代，谁是社会网络中最重要的人？喧闹背后，是谁在推动网络话语走向？在网络的哪些节奏上，汇录了最多信息和关注？

　　我们希望找到这样的"重要节点"。

　　舆论领袖，顾名思义，在信息传播的过程中起着至关重要的作用，是信息的中介、信息的过滤、信息的再生产环节；数字媒体时代舆论领袖的地位和作用发生了显著的变化，其自身就是信息传播交互环节中的重要节点、信息全方位扩散、流通的轴心；数字媒体的舆论领袖具有对话题修正、扩散、延伸，促使话题被认同、被反对，最终形成舆论的功能。数字媒体时代的舆论领袖是谁？他们在哪里？他们是如何影响话题的生成、变化乃至高潮迭起、逐渐消解？这是当今数字媒体环境下信息传播管理的重要议题。

　　信息技术导致媒介变革，促使传播学理论面临着信息传播规律的变化而亟待修正，进而为信息的有效传播提供可借鉴的、可测量的思想方法及科学工具。如果说舆论领袖的话语能够影响并左右舆论的走向，那么，如何将信息科学与传播学研究方法相结合来发现特定语境下的舆论领袖，描绘其形态及作用，测评其引领社会舆论的影响力？已成为传播学理论与实践面临的首要问题。作者以此为研究对象，在梳理、分析、归纳众多的研究方法基础之上，立足于社交媒体的信息技术特征，剖析其传播规律，并逐一解构"人"在不同的数字媒体平台上的特征，进而探究不同数字媒介平台上的舆论领袖在舆论形成过程中的独特价值。

　　以计算机信息技术导致媒介结构的变革为视角，研究舆论领袖的生成规律，是一种理性的、科学的研究路径，而非主观的判断与推测；这就确保相对科学地评价舆论领袖在舆论形成过程中的作用，并提出相对客观的衡量尺度及测评标准。

作者深度剖析了数字媒体的信息架构，以清晰的思路将数字媒体舆论角力场中的关键节点作为研究对象，力图科学地解剖数字媒体的传播学特征。其研究的核心问题：从"话题"的跌宕起伏中发现信息的聚合、扩散、变异，进而发现舆论领袖及其在"话题"衍生中的导向型作用；这样的考察路径与研究方法，颠覆了传统的评价体系与测评方法，即从媒体的物质规律的本源出发，探究媒体与人、信息之间的关系，以及舆论领袖的形态演变，乃至在信息传播中的独特地位。

数字媒体时代舆论领袖的"话语"是推进舆论演进的重要因素，为此，如何测定"话语"的影响力？"话语"在"对抗与对话"的舆论角力场中，怎样给予正确的测算、评价与判断？传播学在研究方法上，面临计算机信息技术发展带来的极大挑战。

作者周巍在复旦大学信息学院电子工程专业修读了本科与硕士学位，因对互联网的浓厚兴趣，毕业后踏进了传播学的研究领域，攻读博士学位，潜心思考信息技术搭建的网络平台背后的诸多有趣现象，作者的交叉学科背景的优势，在互联网研究领域得到充分的展示。

作者认为"微博舆论领袖"影响力的测评工具，应该从社交媒体（微博）的技术平台所提供的信息节点之间的交互关系提出建模的基础；这是科学的、合理的研究出发点及立论基础，大数据时代的媒体研究方法及思考路径，完全颠覆了传统的理论推导及判断逻辑。

以媒体的影响力为例，考量四大传统媒体影响力的重要指标是电视的收视率、电台的收听率、报纸的发行量以及杂志的发行量及重复阅读率；除外，也有对相关信息的受众知晓、接受度等考量指标，通过问卷调查、小组访谈等方法获取数据；而数字媒体影响力的测评则是全新的思考逻辑及实践方式。

比如，微博平台的"@"，它是微博信息传播的一个"节点"，该"节点"可以使传者将信息强制送达特定对象的"按钮"，而且可以"@"多个对象，呈现出"多节点传播路径"的信息伞状辐射传播状态。作者以此为突破点，逐一剖析微博的诸多信息节点，并提出了舆论领袖影响力的计算公式，分析其对舆论形成的推动作用。作者在理论演绎的基础上使用数据挖掘、模型检验等数理方法，为当代传播学研究注入了新的生机；作者对舆论领袖的思考，为复杂网络环境下信息传播的路径与规律，社会舆论的形成与扩散，提出了科学的解释方案。

当代传播学、舆论学的研究，因信息技术日新月异地发展，时时呈现出一片片未开垦的处女地。

用传统的思路去解释今天社交媒体的信息传播规律乃至影响力则往往陷入困境，而从媒体的技术特征去剖析数字媒体的传播规律，或许会柳暗花明。我们面临着新技术对媒体的革新，诸多新问题需要我们去解答；比如信息技术建构的复杂网络生态圈与传统媒体格局的相同性及差异性，只有理解了，才能制定合理的媒介策略，以求传播效果的最大化；社交媒体信息扩散的中心节点与层级分布现象，以及信息接收者的双重身份（既是信息的生产者，又是信息的传播者）导致的信息生产与信息传播的主体身份同质或异化等现象，都十分有趣且具有挑战性。

解读、认识数字媒体的特质是解决信息传播有效性的核心，从网络信息技术特征出发，剖析微博、微信、网站、论坛等媒体，乃至Google、百度等搜索引擎，讨论它们与信息生产、信息传播、信息获取者的关系，从中发现奇妙的新规律，把握信息流动的新规律，才能使之为人类的沟通、社会的进步发挥更大的作用。

周巍的论著，给人以轻松阅读的快感，毫无晦涩之嫌；因具备一定的数理知识，作者对数字媒体的关注则会更多地从信息技术的视角给予解释，为此，阅读该书会感受到一股清新的、理性的学术思考；在研究过程中采用大量实证研究方法，也为立论提供了佐证的依据，其科学的治学精神，保障了研究结论的可信度。这一切，源自作者的理性思维及其对数字技术的理解，以及对现代传播规律的把握。作者游走在数字信息技术与信息传播的交界之处，洞察其规律，发现其特征；无论是理论阐释还是实践分析，都能把握分寸、点到实处。

互联网发展至今，我们需要计算机、数学等自然科学以及人文学科的有志者共同携手，跨学科合作，探索媒介、探索信息、探索数据，更全面地阐释社会网络，通过数据挖掘理解不同场景下的社会关系，以求社会进步与发展。

程士安

2015 年岁末于上海

目　　录

第一章　绪论

　　信息技术的快速发展带来了媒介结构的变革，二十年间媒介格局巨变。当下，网络早已成为勾勒媒体版图时不可或缺的组成部分，同时也成为构成整体社会舆论的重要阵地。在这个以计算机信息科学为技术基础搭建的空间中，各方信息往来交织，在无数的信息通路上高速流转，随着网络中的众多节点被激活，信息在网络节点间流动或暂停、扩散或消失。每经过一个节点即完成一次信息的曝光，达成或显著或微小的传播效果，数以亿计的互联网接入节点整体呈现的媒介信息影响效果即热闹的网络舆论呈现。网络舆论热点频发，快速产生快速消解，在每一次舆情产生的过程中都能看到各方话语接入节点生成内容并营造其影响空间。因此找到并解读重要的网络接入节点或可成为解读网络话语走向的关键，这些"关键节点"即本书讨论的当前视域下的舆论领袖。

第一节　研究的问题

　　舆论领袖（Opinion Leader）正式进入传播学语境是在1940年拉扎斯菲尔德（Lazarsfeld，1940）的选举研究中，表达了信息在从媒介到达大众的过程中一部分中介人对信息的解读对其他人群产生的影响。在人类社会发展历史中，每一个历史时期，不同的传播领域中都或明确或潜在地存在一部分通过意见信息对他人施加影响的人群，即群体意见的领导者，其存在形态和影响力的体现方式也随着时代的变迁不断改变。

　　在"新媒体""全媒体""跨媒体"等词语不断刷新着人们对当下媒介环境的认知的同时，也表达了巨大的媒介形态变化所体现的人与信息关系的改变及其带来的人类社会生活方式的颠覆性变化。数字媒体赋予了个体完成传播权力的技术，使每一个体不仅拥有了自由表达、主动传播个人意见的权力，更拥有了"一呼百应"的能量。于是，在数字媒体的语境下，舆论领袖的概念解读是否依旧？在传统媒体与新媒体共同构筑的舆论空间中，是否能够看到舆论领袖的作用？其对舆论的作用有哪些新的特点？新的特点在舆论中的如何具体体现？如何对其准确定义、形态描摹？舆论领袖的网络表达与其社会身份的关联如何？这些都是舆论领袖在当代解读中需要回答的问题。而本书以舆论学和传播学为视角，对以上问题进行筛选梳理，将主要的问题呈现如下。

一　数字媒体时代舆论中的主导意见的形成

传统媒体时代，媒介的议程设置对公众议程形成的作用明显，即使在公民社会中不能完全左右舆论——一致性公众意见的形成，但可以对公众就什么议程产生讨论生成意见有重要影响，即一定程度上体现了媒介对舆论的影响。同时，传统环境下，舆论领袖是社会精英群体的缩影，拥有话语权、权威的社会地位，表现为信息获取、解读等方面的明显优势，因此在政治、商业等领域产生明显的舆论主导作用。而当下的数字媒体环境中，任何个体都能够直接面对海量信息，信息领域被不断细分。任何一个受众都可以在自己擅长的领域拥有话语权成为一定范围内的意见主导者，任一细分群体、领域中的意见都可以通过互联网广泛传播，引发关注。同时，此前需借力传统媒体未发声的社会管理者也拥有了直接对话公众，上情下达、答疑释惑的渠道和平台，有能力直接参与到民情民意的疏导中去。

那么对舆论整体而言，议程是如何形成？除了传统媒体，新媒体在议程设置上是否有作用体现？当议程引发关注卷入大量受众，不同的各方意见表达如何在对话中形成一致意见？是否在形成一致意见的过程中有明确的主导性意见表达？数字媒体时代舆论中主导意见的形成，是数字媒体时代讨论舆论领袖作用的重要基础。

二　数字媒体时代的舆论领袖鉴别

网络极大程度地抹平了人们的社会标签，社会精英阶层的属性会为个体带来一定的受众关注，但是网络表达、网络事务的关注、活跃程度也同时影响着精英阶层是否能移植社会影响力到线上。同时，网络信息和社交媒体平台满足了人们对细分群体、细分信息的需求，普通个体受众可以在细分空间中成为主导，体现网络的草根性特征，以及微博所代表的自媒体平台赋予了每个用户报道身边事件的机会，使得可能引发舆论热议的新闻源头从媒体记者扩展为所有新媒体平台的用户，其中包括独立个人用户，同时也包含以组织形象出现的"用户"，而卷入新闻事件使用户成为关键人物从而在话题的推进中拥有一定的引导力。由此，数字媒体时代的舆论领袖群体画像如何？新的沟通渠道下，社会管理者能否有效传递信息，正向引导舆论？原先的精英阶层的网络表达仍有影响力吗？什么样的草根个体可以称为网络舆论领袖？因此，首先需要阐明数字媒体舆论领袖的定义、分类及形态特征。

三 数字媒体时代舆论领袖的可控性

数字媒体的传播能量激增的重要原因之一则是不同平台、不同维度、不同规模的网络群体的构成，而群体的组成必然有群体领袖的出现。因此，舆论领袖作为传播机制中的重要环节所蕴含的能量也相应提升。在明确数字媒体时代舆论领袖的定义及特征基础上，是否可以发现在舆论推进过程中舆论领袖的明确作用点、作用力、作用方式以及其影响力的表达。通过这样的观测，是否可以寻找到挖掘潜在舆论领袖的方法，从而对舆论的引导者而言，可以通过对舆论领袖的感知来对舆论推进方向、影响规模进行了解和预判，进而当舆论引发舆情危机则可以通过舆论领袖的可控性有针对性地进行引导，避免舆情危机向社会危机事件的演变。

网络舆论主导意见如何形成？数字媒体平台的舆论领袖是谁？数字媒体时代的舆论领袖是否可获得？这三个问题是当下研究数字媒体平台舆论领袖与网络舆论关系的重要基础，也是本书展开研究的出发点。

第二节 研究背景

一 媒介环境的变化

Web 2.0 带来了自互联网技术诞生以来第一次信息传播革命，以交互性为突出特征的 Web 2.0 时代依托信息技术的发展强化了信息的传播中以每一个体的信息需求为动力的人本理念。人的社会属性、对信息的自然需求以及信息差动力下的信息流动共同加速了互联网平台上的各种数字化应用的出现，如博客（blog）、网络即时通信（IM）、维基百科、社交网站（SNS）、信息订阅（RSS）等新媒体平台。

新媒体的迅速崛起，改变了既有媒体的形态、格局以及信息传播的规律。经典大众传播理论中的诸多理论如"把关人""舆论领袖""议程设置"等均被赋予了现实意义，在当下的全媒体时代其理论内涵及应用价值都有了一定程度的拓展。

二 网络舆论现象中的舆论领袖

数字媒体的舆论力量从虚拟平台的信息爆发发展到了相似意见群体的聚合。数字媒体平台的互动性、开放性、自媒体特征使每一个个体都能成为舆论领袖并凸显其聚合能力。数字媒体的平台上形态各异的舆论领袖影响着信息传播"接收信息—理解信息—认同信息—影响行为"的推进速度加快，使信息从进入传播到使受众产生行为的时间缩短，表现为信息聚合了真实的社会行为。这就使媒介环境的丰富为媒体发展带来史无前例的机遇，同时也为舆论管理带来了巨大机会和挑战。传者与受者界限的模糊使传统的舆论管理中把关人及议程设置理念受到挑战；移动媒体信息发布的快速、信息形式（文字、图片、视频）的多样，开启了"民记者"时代；逐渐开放的公共领域使公众用"转发"来"选举"了公共事件中的"网络领袖"。舆情呈现出即时性、突发性、不可控性以及碎片化、行为化等特点。

传播中的关键节点即舆论领袖。在日益复杂的舆论形态中，舆论领袖是信息达到和影响受众的关键"发力点"，无论政府舆情管理或商业口碑管理都越发关心如何掌控舆论的"发力点"。数字媒体时代，将每一个社会人笼罩在各种真实或虚拟的人际网络中，而链接每一个体节点的是信息的流动。因此从某种角度可以说寻找舆论的"发力点"即寻找复杂网络中的"关键节点"，或者可以将具有这样特征的一些节点，作为经典理论中的"舆论领袖"的变化及延展。数字媒体的信息传播以二级或多级传播为特征。在多次的网络事件信息流量监控中，都出现了一些带来舆论激增的"节点"。每当信息通过这样的节点即带来舆论的一次峰值。然而，在不同类型的舆情事件中，如商业事件、社会新闻信息,所涌现的关键节点有着显著不同,表现为舆论领袖的多样化。因此,如何在当今媒介环境中准确地把握舆情方向,从经典理论"舆论领袖"出发,或将能够成为解读舆论走向的内在驱动力的关键。

第三节 研究意义

一 理论意义

本书呈现的理论意义主要有两点:

(一)对传统大众传播学中经典理论的再思考

在当今的复杂媒体环境中重新研究舆论领袖的内涵、表现形式、作用方式

信息的有序、有效传播是人类社会运行和演进的重要基础之一。随着人类社会的不断进步、生产力的不断发展,贯穿人类社会的信息纽带自身的形态、规律也在不断演变之中。大众传播学作为一门独立的学科综合了行为科学、信息科学、新闻学等学科特点,以人类的传播活动为研究对象总结了人类社会的信息传播规律。自20世纪90年代开始的信息技术革命再一次颠覆了人类的信息传播规律,而这场变革也改变了大众传播学中诸如信息传递的单向性、受众分散等诸多特征。数字信息时代的信息传播特征在社交媒体平台上得到聚合体现,而2010年异军突起的具有海外基因的微博更是其中集大成者,短短数年时间呈现了多场舆论盛宴,也成为学界关注的焦点。而在新媒体平台上,信息传播中的重要节点呈现了部分经典理论定义下的"舆论领袖"特征,并在信息技术的催化下发生了形态的变化。本书将力图从新媒体平台上的舆论领袖的表现形式出发,归纳新媒体平台舆论领袖的形态特征、作用方式,最终挖掘舆论领袖在当今环境下的新内涵以及新时代背景下的理论拓展。

(二)传统媒体和新媒体共同构建的舆论环境中舆论领袖地位及作用

李普曼在最初的舆论研究中早已意识到新闻经过层层过滤与选择才送到人们面前呈现所谓"媒介真实"的过程,而李普曼心目中也有上帝,他最后把拯救舆论的希望寄托给了社会精英。如果有一个独立的专家组织为那些进行决策的人物挑明种种无形的事实,为社会、为媒介提供精确的材料和数据,舆论能够正常产生并起到应有作用,代议制的民

主机器也由此得以安然运转。①

当下，新媒体蓬勃发展并不断在舆论中形成焦点，但我们依然应该清晰地看到舆论的格局由传统媒体和新媒体共同组成，并且传统媒体依然在舆论形成、议程设置中占据了重要地位。因此，本书的理论部分将立足于舆论形成的宏观格局，以舆论领袖为切入点，研究传统媒体与新媒体的力量博弈、舆论形成中互为因果的关系以及传统媒体在新媒体环境中的影响力、发力点。

二　应用意义

在媒介环境越发多样复杂的当下解读舆论形成特点，熟悉新媒体传播规律，掌握信息传播的关键节点控制方法，对于政府管理、公共信息传播、商业信息传播都是具有重要意义的。媒介技术和形式发展日新月异，但究其根本，任何新的媒介都不会凭空产生，都将是对固有形态的演变和发展。因此，只有掌握其根本规律，才能在海量信息中游刃有余，才能更加从容面对未来新的变革。本书的应用意义从宏观和微观两个层面表现为：

（一）宏观意义——舆论管理

在公共舆论的形成过程中，公共事件（突发事件）的舆论形成和舆论引导是舆论管理中非常重要的部分。如何在公共事件发生时有效利用舆论领袖在传统媒体和新媒体通过公共话题议程设置实现对舆论的引导是复杂舆论环境下带给舆论管理的宏观课题。本书将通过社交媒体平台数据沉淀和数据分析获取准确的公众话题关注点，并通过话题分类和既有舆论领袖用户生成内容（User Generated Content，UGC）内容分析，实现对舆情关键点的实时跟踪。同时，基于已有舆论领袖的形成特点、形成规律，对潜在的分类信息传播路径进行预判，对可能出现舆论领袖的话题分支、时间节点重点关注，进而理解如何运用舆论领袖对公众话题舆情进行引导和及时反馈，从客观规律出发实现对舆情的把握。

（二）微观意义——公共传播和商业传播

舆论领袖研究的意义对于公共信息传播（如新闻发布、社会理念传

---

① 黄旦：《舆论：悬在虚空的大地？——李普曼〈公众舆论〉阅读札记》，《新闻记者》2005 年第 11 期。

播）和商业信息传播来说，在于理解舆论领袖形成的规律特征将有助于传播主体在复杂的环境中培养和形成自身的舆论领袖并有助于理解如何产生并发布有效的主导信息。理解传统媒体和新媒体在舆论环境中的相互作用和复杂关系，通过官方舆论领袖、草根舆论领袖的发现（培养）来实现议程设置，找到传统媒体影响力的发力点，从而更好地发挥传统媒体主流价值观塑造的基本职能，同时为数字化时代传统媒体找到生存之路。在商业信息传播过程中，新媒体为品牌口碑研究以及消费者研究积累了大量数据，理解社交媒体信息传播规律，将帮助品牌或组织深入了解消费者的网络信息需求、网络消费行为轨迹。在数据挖掘基础上理解社交媒体舆论领袖的呈现规律、影响力模型，将进一步帮助品牌或组织根据影响力模型找到和培养潜在舆论领袖、定位引导品牌舆论的发力点，从而更高地效完成其商业信息传播策略。

第四节　研究主要内容

"舆论领袖"（Opinion Leader）的概念自 20 世纪 20 年代萌芽，在 40 年代被明确定义，随之产生的还有二级传播理论。而信息技术的出现，在改变了人际传播的定义基础上也对舆论领袖概念本身带来了冲击。微博平台也同时极大放大了二级传播带来的传播能量。本书拟以信息科学为主要工具，将舆论领袖作为信息传播的重要节点，深入挖掘大众传播学的信息流动基本规律。并结合舆论学中公众舆论、舆论领袖的基本概念，对微博所代表的社交媒体平台在舆论中的地位及作用进行理论阐释。本书研究的主要内容分为四个部分。

一　不同媒介平台中舆论领袖的形态、作用

梳理数字技术发展带来的新的媒介特征以及传播规律。在新媒体平台中，以微博为重点阐释其信息传播平台的物理特征、传播学特征，并通过对其平台上的舆论领袖的分类和描述描绘微博平台舆论特征，继而进一步挖掘以微博为代表的新媒体参与下的舆论表达及其格局的形成图谱，找到其中舆论领袖作为舆论发力点的作用方式。

二 舆论领袖对舆论形成的引导力

探索舆论领袖对于平台舆论形成的作用以及不同平台舆论领袖的互动对整体舆论形成的推动力。通过对传统媒体的一定分析来看传统媒体在塑造线下舆论领袖和线上舆论领袖的着力点何在，舆论领袖在两个舆论场的对立与统一中发挥了什么样的作用。

三 舆论领袖影响力的分析、建模、测评

在梳理舆论领袖经典理论的形成和发展的基础上讨论微博作为网络社交媒体的集大成者，其舆论领袖在舆论形成中的特殊作用、其影响力传播的信息路径、其主导信息如何产生等。进一步通过对微博舆论领袖形成中的关键因素的分析，得到解析微博平台舆论领袖影响力的基本变量。通过信息科学和统计学的方法，建立微博平台舆论领袖的影响力模型。并通过案例对影响力模型进行测试和评估。这部分内容是本书的重点。在网络关系、传播路径研究中借鉴了复杂网络理论和社会网络理论为参照，延伸其中理论方法并对模型构建形成参考，最终形成对数字媒体平台舆论领袖观察和预测的模型构建并通过案例进行模型检验。

四 舆论领袖形态演变的传播学解读及现实意义

首先，对微博舆论领袖的传播学意义进行解剖，分析其基本规律、以舆论领袖为传播路径的传播可控性以及从订阅的"意见环境"角度出发分析微博平台舆论领袖独特性引发的信息茧的形成、信息跨界传播等。其次，从宏观和微观两个层面分别分析舆论领袖在重大突发公共事件中，从信息产生、信息表达、信息传播等各个环节的作用、形态、规律，整体舆论形成中与传统媒体议程设置的互动关系及各自的舆论作用等。在公共信息传播和商业传播中同样需要理解其形成规律以及如何形成主导意见并使意见有效扩散。

第五节　文献综述

一　舆论领袖理论

（一）理论源起

1. 舆论领袖雏形

信息的传播活动自人类诞生起即如食物和空气一样成为人类生存的必须要素，是为人类提供安全保障和群体生活的协调介质。而信息与群体的关系体现为通过信息使一部分人群形成稳定的聚合形态，而在聚合的过程中，必然的随信息传播的方向由传者至受者而产生意见的领导者和被领导者。在大众媒介出现之前，群体信息的生产者即舆论领袖的雏形，通常与群体的领袖相统一。

（1）口语时代

人类作为早期的生命体在自然界中的力量微弱。出于生存的需要，早期人类按地理的接近性彼此聚合，导致人类社会起源于群居的部落生活。部落生活中，人际传播是唯一的信息传播方式。而在生产力极为低下的情况下，生存是第一需求。因此，能为部落带来食物、战胜各种灾害的个体才能够使部落信服、顺从。同时在部落沟通、生命传袭中，所传袭的最重要的信息也正是关于如何打猎、如何应对自然灾害等方面的信息，而这些信息则恰恰是来源于那些有能力战胜自然的人的经验总结，其传达的信息将对部落下一次应对类似事件起到重要的影响作用。因此，在原始部落时期，在以生存为主要诉求的群体活动中，舆论领袖通常是与自然对抗中的英雄，通常也是部落的首领。即在较大程度上意见的领导者与群体行动的领导者身份一致，议程的设置者即意见的领导者。

（2）文字符号产生后的舆论领袖形态

文字符号的出现扩大了人类信息传播的范围，不再局限于声音传播的能量。书信、书本成为信息传播的重要媒介，在提升了信息传播的稳定性、准确性的同时，降低了传者和受众解读中的信息差异，使信息传播的有效性提升。但在印刷术普及之前，文字的认知和使用并不是普及技能，因此，这一媒介的使用将人群自然地分为可参与文字传播的个体和不可参与文字传播的个体。而因教育成本高昂和生产力水平低下，大多数社会个体属于不可参与文字传播的个体。文字这一人类社会发展中的第一个传播中介，赋予了人生产可复制信息的能力，同时也使信息从文字媒介向普通大众的传播中必然产生了中介阶层，即信息的解读者，成为舆论领袖的萌芽形态。舆论领袖与议程设置者形成最初的区分，文字信息的制作者拥有设置内容议程的权力。

（3）印刷术产生后的舆论领袖形态

印刷技术的工业化是真正的大众传播时代的到来。信息在短时间内可大量复制，能跨越时间和空间的局限形成更大规模的传播范围。语言文字的普及使文字信息的阅读不再呈现明显的阶级属性。拥有平等的接收信息的权力使受众卷入传播活动的概率增大。而当每一个个体都拥有解读大众信息能力的时候，也使个体对他人施加观点影响的难度增加，即舆论领袖的产生必然需要在传播活动中体现出区别于大众的能力，如权威性的信息获取能力、专业的信息解读能力，同时还需要在其传播活动中体现出聚合人群的能力。

从舆论领袖形态的发展可以看到其始终与对群体的影响相关，且这种影响不仅体现在受众的观点接纳，更有群体的行为表达。舆论领袖形态的产生过程已经逐渐呈现出与"议程设置"者的功能区分，以及公共性特征凸显使其在社会公共事件中的影响力逐渐成为重要的社会动员力量。

2. 舆论领袖概念的提出

（1）1920s《舆论学》——舆论领袖（Opinion Leader）概念的萌芽

舆论领袖传播学概念的萌芽可以追溯至沃尔特·李普曼20世纪20年代在《舆论学》中的表述。在李普曼的表述中，"身外世界与受众脑海图景"之间存在必然差异。差异的存在缘于受众本身对世界的实践能力不足。因此公众"脑海中的图景"的构建与"真实世界"之间连接，仅靠公众的亲身实践是不够的，它既包括在构建认知世界的过程中必然要接触的中介其中有大众媒介，也包括被信任的对大众媒介信息进行解读的领袖人物。对公众施加信息解读影响的领袖人物，与媒介信息本身、受众的实践经验三者共同对公众脑海中的现实图景的形成产生作用力。意见引导者的中介作用的提出为舆论领袖概念的明确进行了铺垫。

（2）1940s《人民的选择》——舆论领袖与二级传播

在选举传播的大众行为研究中，1940年《人民的选择——选民是如何在总统竞选中做出选择的》首次明确提出了舆论领袖的概念。在拉扎斯菲尔德率领的研究小组就美国俄亥俄州总统选举进行调查中发现，有一些人对另一些人的投票行为施加了个人影响，继而研究者提出大众信息传播过程的假设：信息并非通过大众传播媒介直接流向受众，而是经过舆论领袖的中间环节信息处理。"这些人（舆论领袖）接触了大量的竞选信息，而那些媒介接触度、知识水平和兴趣度较低的人，则会从舆论领袖这里获得信息和建议。"① 于是，伴随"二级传播"概念而生的舆论领袖作用阐释与沃尔特·李普曼对受众认知形成的阐释一脉相承。舆论领袖在传统大众传播媒介的环境下有着明确的信息传播方向性，即单向的大众施加影响。同时，舆论领袖功能与大众媒介的信息生产作用明确区分，其应当是媒介信息所面对的受众中的优势群体，而普通的受众被称为"人群中的不太活跃部分"。

（3）延伸研究：舆论领袖存在的广泛性及必要性——信息的过滤、整合

舆论领袖的提出是在政治传播视角下的对人际传播规律的重要突破，但因其研究对象和研究样本存在明显的局限性，对文化、经济等领域信息传播的规律未能涉及。由此拉扎斯菲尔德与卡茨对受众按照社会职业阶层、年龄、受教育程度等因素进行划分，并就市场营销、购物消费、公共事务、电影文化等领域的舆论领袖现象进行深入研究。研究证实了舆论领袖在诸多领域存在的广泛性，以及普通受众对于信息综合、解读需求的存在成为舆论领袖现象存在的重要因素。同时，在二级传播的基础上，罗杰斯提出大众传播信息流和影响流的分别传达路径差异。② 正如舆论领袖产生于受众之中，罗杰斯认为信息流无差别的到达受众，而影响流则因舆论领袖的存在，经过一个或多个中介作用才能抵达受众最后的认知形成。

本书从舆论领袖的概念演变、数字媒体平台舆论领袖的独特性、传统媒体舆论领袖与新媒体舆论领袖的关联性、网络时代舆论管理四个方面进行文献梳理，力图呈现比较清晰的学术图谱，并寻找到准确的着眼点。

（二）社交媒体平台舆论领袖研究

① ［美］希伦·A. 洛厄里、梅尔文·L. 德弗勒：《大众传播效果研究的里程碑》，刘海贵等译，中国人民大学出版社2004年版，第83页。

② 郭庆光：《传播学教程》，中国人民大学出版社1999年版，第196页。

我们关于舆论领袖和受众的关系的知识是基于间断创新的。以往的研究认为除了舆论领袖和受众，交流受众——消费者，即使舆论领袖也是受众——在连续创新传播中起到了重要但不同的作用。通过对 317 个经常看电影的人的调查，有学者认为交流受众可以被归类为"变化的代理人"，舆论领袖被定义为"人际间的交流者"，受众被定义为"没有个人影响力者"。[①]

而在新的传播环境中，谁能充当舆论领袖？对这样的问题是不能以身份特征来简单回答的。关键在于，他一定是公共利益的代言人。[②] 而通常一些知识分子在网络舆论中承担了舆论领袖的作用，将公众由对事件感性的认识引申到理性的反思，最后到合理的对策的出台，将公众对抗性的情绪回归到合作性的理性。[③] 传统媒体大众传播媒介实际上在文化传播与大众之间充当了舆论领袖的作用，特别是在对传统文化缺失的讨论中，在媒介形态飞速变化、海外文化元素猛烈冲击下，恰恰是现代媒介技术手段，大众传播媒介出色地完成了传统与现代的"两级传播"和"异代对接"。[④]

在对互联网环境下舆论领袖概念的有效性研究中，国外学者发现舆论领袖受教育程度更高，善于交流，政治知识丰富并且乐于分享。他们所发布的信息较普通网上公众质量更高但是形式更简化。这样的观点讨论了舆论领袖概念的适用性和有效性。[⑤] 舆论领袖在大众传播效果的形成过程中起着重要的中介或过滤的作用。[⑥] 国外研究者在表达二级传播中的舆论领袖作用时提到：第一，没有同类的交流网络，舆论领袖的影响无法散播；第二，舆论领袖的影响通常无法广泛传播到公众中因为它

---

① Venkatraman, M. P., "Opinion leaders, adopters, and communicative adopters: A role analysis", *Psychology and Marketing*, Vol. 6, No. 1, 2006.

② 韩运荣、喻国明：《关于舆论领袖的"素描"》，《新闻知识》2005 年第 6 期。

③ 成然：《传媒"议程设置"与公共知识分子》，《新闻界》2005 年第 6 期。

④ 刘畅、张潇扬：《"传统回归"与"两级传播"》，《传媒观察》2006 年第 5 期。

⑤ Rhee. J., Kim. E. and Kim. H., "Exploring Online Opinion Leadership: A Validity Test of the Concept in the Digital Age", *The annual meeting of the International Communication Association*, San Francisco, May 2007.

⑥ Schuster D V, Valente T W, Skara S N, et al. "Intermedia Processes in the Adoption of Tobacco Control Activities Among Opinion Leaders in California". *Communication Theory*, Vol. 16, No. 1, 2006.

不可避免地遭到了自我加强的交流网络的抵制。① 当我们看到网络民意在促进公民社会的构建时，Web 2.0 条件给我们带来了言论的"圆桌"时代。② 与传统模式中舆论领袖主要由见解独到、口才出众的精英人物担当不同，网络时代，传者与受者的交往地位趋于平等，使更多的"草根"阶层也加入了舆论领袖的行列。③ 20 世纪 90 年代以来，青年舆论领袖呈现出身份来源平民化、活动领域广泛化、信息传递网络化等特征。青年舆论领袖的未来发展趋势将引导着青年群体的价值与思想。④ 网络传播中的"舆论领袖"形态变化可以从三个方面进行解读：分散和微型化；以局部事实、细节真实为标准；以非层级、去权力为特征。⑤ 据此如何构建自由和责任并重的舆论领袖形成和发展机制是日益发展的网络传播亟待解决的重要课题，也是本书力图解决的问题之一。

二 舆论学视角

（一）概念厘清：舆论及其构成要素

舆论本身是公众社会意识整体的外向表达，立足的学科领域不同、观察舆论的视角不同使得在对舆论的讨论前提中舆论的确切定义有许多种不同表达。李普曼在《舆论学》中将广义的舆论表达为：对人类群体或以群体名义行事的个体产生影响的图像。就我国的学术著作而言，主要有以下四种：

（1）舆论是显示社会整体知觉和集合意识，具有权威性的多数人共同意见，具有社会性，因此又把舆论称为社会态度。（刘建明，1988：11）

（2）舆论是社会或社会群体中对近期发声的，为人们普遍关心的某一社会问题的共同意见。（喻国明，1993：277）

（3）舆论是公众对其关心的人物、事件、现象、问题和观念的信

---

① Frank，C. S. Liu，"Constrained opinion leader influence in an electoral campaign season: revisiting the two – step flow theory with multi – agent simulation"，*Advances in Complex Systems*，Vol. 10，No. 2，2007.

② 朱波等：《论 Web 2.0 条件下大众传媒"舆论领袖"的话语作用》，《毕节学院学报》2011 年第 6 期。

③ 戴海波：《大学生网络论坛中的舆论领袖分析》，《新闻界》2009 年第 5 期。

④ 梁莹：《20 世纪 90 年代我国青年舆论领袖的梳理和分析》，《中国青年研究》2011 年第 9 期。

⑤ 邓若伊：《网络传播与"舆论领袖"理论调适》，《新闻与传播研究》2011 年第 3 期。

念、态度和意见的总和，具有一定的一致性、强烈程度和持续性，并对有关事态的发展产生影响。（孟小平，1989：36）

（4）舆论是公众关于现实社会以及社会中的各种现象、问题所表达的信念、态度、意见和情绪表现的总和，具有相对的一致性、强烈程度和持续性，对社会发展及有关事态的进程产生影响，其中混杂着理智和非理智的成分。（陈力丹，1999/2012：33）

其中前两种强调了舆论的公共性以及舆论中主体和客体的明确，此外第一种定义强调了舆论对社会知觉整体性的呈现，第二、第三种定义具体化了客体内涵。第三个定义较为全面地阐释了在除了舆论主体、客体、本体三者外，可称为舆论的社会意见还须具备的因素如一致性、强度等，但忽视了舆论对整体知觉的体现。第四个定义将前三个定义加以整合，从舆论引导的视角给出对舆论的定义，并在定义中体现了舆论的八要素：舆论的主体——公众；舆论的客体——现实社会以及各种社会现象、问题；舆论自身——信念态度、意见和情绪表现的总和；舆论的数量——公众意志一致度；舆论的强烈程度；舆论的持续性；舆论的功能表现——影响舆论客体；舆论的质量——理智程度。

第四个定义的逻辑视角是舆论引导，与本书所讨论的舆论形成中舆论领袖作用机制出发点相近，换言之，舆论领袖对舆论的作用是舆论引导中的一个分支力量，因此在本书的研究中所讨论的舆论为第四个定义所描述的对象。

（二）数字媒体时代的舆论研究

1. 网络舆论研究

舆论是自原始社会人类群体生活开始即自然存在的一种可被感知的群体意志，而网络或媒体只是舆论呈现、表达和聚合的平台。其准确定义尚未达成一致：

（1）网络舆论就是在互联网上传播的公众对某一焦点所表现出的有一定影响力的、带倾向性的意见或言论。[①]

（2）网络舆论是指在互联网空间形成的、关于公共问题的网民的一致意见。[②]

[①]　谭伟：《网络舆论概念及特征》，《湖南社会科学》2003 年第 5 期。

[②]　刘建明：《舆论学概论》，中国传媒大学出版社 2009 年版，第 171 页。

（3）网络舆论有广义和狭义之分。从广义上来讲，网络舆论就是依靠网络作为传播渠道而形成的舆论，或者说公众通过网络传播媒介而形成的舆论；从狭义上来讲，网络舆论是由网络中的媒体言论与论坛（BBS）及新闻跟帖所共同反映与形成的多数一致的意见。①

本书从舆论的定义出发，将网络舆论看作舆论在网络平台呈现的同时增加了舆论强度中行动的体现，即在网络平台上呈现的公众关于现实社会以及社会中的各种现象、问题所表达的信念、态度、意见、情绪及社会动员的总和，具有相对的一致性、强烈程度和持续性，对社会发展及有关事态的进程产生影响，其中混杂着理智和非理智的成分。

网络舆论与网络舆情不可混为一谈，有学者将其最大差异归纳为网络舆论是一定程度的一致性的体现，而网络舆情则是共存的社会意志存在较大分歧的表现。② 网络舆论具有形式崭新、现状复杂的舆论主体，五色杂陈、包罗万象的舆论客体和复杂多变、难以掌控的舆论自身。③ 相比传统媒体时代的特点，网络舆论的特点可概括为五个方面：自由度更大、意见传播的多元互动、主体平等化、客体变换频率加快、群体极化。④ 从舆论监督的角度，陈力丹将网络舆论监督具有的六大优势归纳为——普通百姓真正拥有了自己的话语权、强大的聚合力、良好的交互性、公众的意愿和看法更真实充分地表达、广泛的代表性、监督的时效性。⑤

2. 数字媒体时代舆论中的传播媒体与数字媒体关联

社交媒体时代、微博自媒体时代，传统媒体如何发声同样是舆论中重要一环。在上海"11·15"大火案的研究中发现舆论关注点的信息来源与数量分布呈典型的长尾特征，测试群体受舆论领袖的影响较强。在研究中还发现新的舆论波类型"舆论汇流"及其生成机理，网络媒体特别是微博在此次事件舆论波生成过程中起着重要作用，但传统媒体依然具有实际影响力。⑥ 这是由于在与传统媒体的对比中，微博在时效性、即时互动性上优势明显，并且微博传播没有传统媒体"把关人"

---

① 蒋乐进：《论网络舆论形成与作用》，《北京理工大学学报》2006 年第 4 期。

② 李勇：《网络舆论与网络舆情的转化及作用》，《新闻前哨》2012 年第 5 期。

③ 吕文凯：《舆论学简明教程》，郑州大学出版社 2008 年版。

④ 刘建明：《舆论学概论》，中国传媒大学出版社 2009 年版。

⑤ 李国民：《专家谈网络舆论监督》，《检察日报》2009 年 4 月 8 日第 5 版。

⑥ 廖卫民：《上海"11·15"特大火灾舆论波研究》，《当代传播》2011 年第 1 期。

对内容的层层过滤。但同时传统媒体保有其深入报道的优势，二者的媒介融合度应进一步提高，二者定会共生共荣，共同创造新的媒介生态。① 对网络发展的大环境、对公众舆论应从宏观和微观层面进行引导。宏观层面可通过传统媒体作用来调整传播机制、塑造和培养"舆论领袖"及在监管层面实行网络微博实名制来实现，微观层面可通过真实的、理性的报道及搭建互动平台来实现。② 随着传播理念的提升，微博与传统媒体会更有力地协作形成更好的内容把关和舆论引导格局。③

（三）舆论领袖在舆论形成和网络舆论引导中的作用

互联网改变了人们传播和接收信息的方式，也在一定程度上对于政府的言论管理、信息控制提出了挑战。④ 网络舆论引导的实质就是舆论引导主体使网民"态度改变"的过程。从心理学的角度出发，舆情引导中可以通过舆论领袖的方式运用，体现出传播者自身的网络评论、公共知识分子、专家等劝服优势来影响受众"怎么想"，进而影响受众行为的变化。⑤ 以 2010 年 12 月 25 日的乐清上访村长之死为例，案例再一次凸显了微博的强势参与，新浪微博更是发挥了其强大的自媒体力量，并最终通过微博发起和组织了网络独立调查团。在这个过程中，舆论事件的每个重要节点、拐点，无不和舆论领袖的出现有关。⑥

然而，对于微博舆论领袖概念的本身仍存在争议，不同的研究者给出的界定标准有相似性，同时也存在较大分歧，如刘志明和刘鲁在《微博网络舆情中的意见领袖识别及分析》一文中给出的判断标准有两个：用户影响力和用户活跃度。⑦ 王平、谢耘耕将微博被转载量、评论量、微博用户的粉丝数及认同值四个指标作为衡量舆论领袖的标准。⑧ 沈阳等人的研究转而以"意见活跃群体"来形容包括舆论领袖在内的网络

---

① 陈立敏：《微博与传统媒体关系探微》，《新闻爱好者》2011 年第 3 期。

② 赖晴：《正确引导微博舆论》，《理论探索》2011 年第 3 期。

③ 荆丽娜：《互动与融合：试论微博客舆论与传统舆论的关系》，《活力》2010 年第 12 期。

④ ［英］希瑟·萨维尼：《公众舆论、政治传播与互联网》，张文镝译，《国外理论动态》2004 年第 9 期。

⑤ 刘毅：《从社会心理学视角分析网络舆情引导》，《当代传播》2008 年第 3 期。

⑥ 田宇等：《从"乐清事件"看网络时代政府舆论引导》，《新闻世界》2011 年第 7 期。

⑦ 刘志明等：《微博网络舆情中的意见领袖识别及分析》，《系统工程》2011 年第 6 期。

⑧ 王平等：《突发公共事件中微博舆论领袖的实证研究——以"温州动车事故"为例》，《现代传播》2012 年第 3 期。

活跃群体，将其定义为"活跃的意见表达者，其中一些人的意见对其他微博用户的观点态度影响很大，有时甚至可能改变事件舆情的发展方向"①。学者对微博和网络舆论领袖的定义通常为不同视角的实证研究服务，相比传统舆论领袖研究领域的丰富成果，网络、微博舆论领袖尚缺乏清晰准确的定位。②

在舆情传播研究中，"舆论领袖转发"常常被视为微博传播中一个重要的节点，一些反响平平的信息经过这一步骤立即成为整个信息传播的爆发式增长点，转发、评论陡然增多，出现"几何级放大效应"③。通过梳理2009年、2010年两年中196个网络群体性事件，李良荣及其团队认为，有两个因素在每一起网络群体性事件中发挥着作用：一个是传统媒体与新媒体互动；另一个就是舆论领袖们的作用。也就是说，舆论领袖的影响是构成网络舆论的充分条件。舆论领袖们或直接提供信息或转发事件，从而为公众设置议程；或提供真相，揭示事件性质，引导舆论方向。倚仗着庞大的粉丝群，舆论领袖们引爆了一次又一次网络舆论风暴。④

如何正确认识网络舆论领袖、以开明的心态面对舆论领袖、注重细节、尊重舆论领袖的重要性，这些问题逐渐得到管理者的重视。⑤ 在"传媒聚光灯"和"大众麦克风"时代，面对突发危机事件或者敏感问题时，地方政府的缺席和失语是不能缓和事态和化解矛盾的，地方政府应该本着开明、开放诚恳的态度，建立起一套预警机制，积极担当舆论领袖。⑥ 培养网络舆论领袖、加强网络把关意识、建设主流网络媒介、健全网络法制建设、建立网络伦理自主型道德模式等具体措施，才能有效增强网络舆论引导。⑦ 换言之，正是频发的网络事件敦促政府管理中

---

① 芦何秋等：《新浪微博中的意见活跃群体研究——基于2011年上半年27件重大网络公共事件的数据分析》，《新闻界》2011年第6期。

② 李蕾等：《微博舆论领袖研究综述》，《东南传播》2012年第10期。

③ 谢耘耕等：《微博舆论生成演变机制和舆论引导策略》，《现代传播》2011年第5期。

④ 李良荣等：《新舆论领袖论——新传播革命研究之四》，《现代传播》2012年第6期。

⑤ 赵立：《团结舆论领袖传信舆论引导模式》，《青年记者》2010年第12期。

⑥ 陈安迪：《发挥主场优势成为意见领袖——地方政府如何应对网络舆情》，《青年记者》2010年第8期。

⑦ 高萌萌：《网络舆论传播下沉默的螺旋的反旋上升研究》，硕士学位论文，武汉理工大学，2009年，第3页。

的官方舆论领袖——"网络发言人制度"势在必行,政府部门应该公开身份直接回应、直接解决问题,而不是暗中用虚拟网络名称发言"引导舆论"。[①] 有趣的是,来自海外学者的一篇报告从 Rogers(1982:27)的理论"以刻意的方式影响其他个体"来外延舆论领袖的影响力:专家性舆论领袖、负面观点舆论领袖,开辟了新的观点。[②] 而关于书籍销售的舆论领袖研究恰恰证实,如果批评者不认同书的质量,给出负面甚至极端的评价,反而更能使此书获得成功。[③]

三 传播学视角

(一)网络媒体、社交媒体传播机制研究

网络媒体以个人言论传播得更泛散、公众舆论传播更自由来区别于传统媒体传播,而在这种虚拟网络传播中,"沉默的螺旋"依然存在,媒介的改变没有完全改变传者和受者的心理活动。[④] 新媒体意味着技术的进步、传播语境的改变、传统话语权的解构和内容生产方式的转变。[⑤] 在众多的社交媒体平台中,微博无疑是其中集大成者,微博开启了新的舆论格局,由最初的人际传播、群体传播转化为大众传播,[⑥] 推动了网络问政的新潮流,培植了逆向舆论链,推动了传统的舆论领袖走向分化,更可贵的是,微博以最简洁有效的方式推动了中国公民精神的成长。[⑦]

《微博,改变一切》一书在微博元年推出,作者李开复从信息科学与商业运营的角度分析了微博在改变了人的生活方式基础上,进一步改变了社交方式和商业模式等。[⑧] 对于企业而言,如何使舆论领袖无偿自愿地进行引导用户卷入广告活动,使舆论领袖在 SNS 平台上更多的是担

---

① 柴红飚等:《网络舆论领袖与新闻真实性》,《青年记者》2009 年第 22 期。

② Dorothy Leonard – Barton, "Experts as Negative Opinion Leaders in the Diffusion of a Technological Innovation", *Journal of Consumer Research*, Vol. 11, No. 4, Mar. 1985.

③ Michel Clement. etc. , "Do critics make bestsellers? Opinion leaders and success of books", *Journal of Media Economics*, Vol. 20, No. 2, 2007.

④ 林如鹏等:《网络媒体舆论传播分析》,《当代传播》2004 年第 5 期。

⑤ 喻国明:《解读新媒体的几个关键词》,《广告大观》(媒介版)2006 年第 5 期。

⑥ 蒋洪梅:《微博客的特点及其舆论影响力》,《新闻爱好者》2011 年第 5 期。

⑦ 张建平:《微博给力舆论新格局》,《新闻知识》2011 年第 4 期。

⑧ 李开复:《微博,改变一切》,上海财经大学出版社 2011 年版。

任率先体验者的角色，这种体验则很可能成为他主动也就是无偿自愿向其他用户进行口碑营销的动力。① 在危机公关的预防和处理中，微博也应该成为一种全新的工具，使企业能够跟踪和监控相关利益方、客户、媒体以及舆论领袖等的言论，并合理利用微博信息传播规律第一时间解决。②

（二）舆论领袖影响力研究

在舆论领袖的影响力来源的基础研究中，通过一系列电脑模拟人际间影响的流程研究提出了"有影响力者假设"的观点。在大多数情况下，我们认为大多数影响并非是有影响者驱动的，而是被一群容易被影响的个体驱动。尽管其结果不能排除有影响者能够很重要的可能性，但至少说明了有影响力者假说需要相较于过去更多的说明和测试。③ 从传播渠道中扮演不同的角色角度出发，加利福尼亚烟草控制计划的研究中使用了创新的传播理论来理解舆论领袖和大众媒体在人际传播中所扮演的不同角色。在市场营销学的领域，也有学者关注了商品领域的舆论领袖和意见寻求者的概念再定义，④ 从而进一步讨论了当代消费者理论和市场实践理论。

在对社交媒体舆论领袖的影响力研究方法方面，与信息科学的交叉研究逐渐受到关注。在网络信息传播规律的研究中，信息学作为传播学的重要组成部分在信息流动规律以及网络舆论领袖识别、影响力模型构建等方面均有突出作用。研究者使用统计学和计算机建模的处理方法来发现和定义了"虚拟连边""消息相似度"，这两个概念对于我们讨论社交网络中的网络强度、虚拟特征，以及进一步追寻在"消息相似度"概念下的社群边界、寻找重要信息节点、描绘信息茧的网络形状等方向都做出了研究方法的铺垫。⑤ 此外，舆论领袖识别算法是信息技术在传播学领域应用的一个重要体现。从舆论领袖存在的人际关系网络结构特征进行分析出发，

---

① 薛薇：《试析中国 SNS 网站广告营销模式传播创新——由舆论领袖引导的用户卷入广告营销模式》，《新闻知识》2009 年第 9 期。

② 乔金星：《企业微博：品牌营销新工具》，《今传媒》（学术版）2010 年第 5 期。

③ Duncan J Watts, Peter Sheridan Dodds, "Influentials, Networks, and Public Opinion Formation", *Journal of Consumer Research*, Vol. 34, Iss. 4, 2007.

④ Eastman, "Opinion Leaders and Opinion Seekers: Two New Measurement Scales", *Journal of Academy Marketing Science*, Vol. 24, 1996.

⑤ 曹鹏等：《Twitter 中近似重复消息的判定方法研究》，《中文信息学报》2011 年第 1 期。

对比论坛、博客和问答网络之间的区别，提出基于无向、有权重网络模型更能真实准确地识别舆论领袖。通过测量其小世界和无标度的复杂网络特征，定量分析舆论领袖存在的社会性根源。[1] 在如何定义舆论领袖和意见寻求者的过程中，同样会运用到信息科学领域的回归模型和多维判别分析理论，通过系统统计分析发现消费者有更多依靠来自舆论领袖的信息的趋势，[2] 如利用自然科学中常用的模型构建法，以分析网络舆论话题参与者基本属性为基础，构造了话题参与者的"属性矩阵"，进而提出了网络舆论领袖形成模型的综合评价与排序算法。[3]

微博"舆论领袖"是一群在网络舆论中具有影响力的人，一些草根出身的"舆论领袖"，更是因其质疑权威的精神而拥有大量粉丝，在网络上大有一呼百应的实力。[4] 网络社区论坛舆论领袖的影响力不仅表现为设定他人的议程（讨论什么话题），而且表现为设定他人讨论的框架（如何讨论这个话题）。[5] 名人账号作为社交网站的重要影响力来源，其受众"粉丝"角色，带有的"臣属"意识形成一种典型的一对多的传播，博客构建的空间形态带有一种天生传受主体不平等特征。[6] 通过事件话题分类、文本分析等发现作为名人，其现实层面在价值判断和一事形态方面对中国主流传统媒体和舆论的影响有限。[7] 与名人账号相对应的是草根用户，通过对新浪微博的观察与统计发现，微博使得草根的声音得到放大，但真正被成倍放大的还是精英话语。国外的最新研究中同样重申了精英型舆论领袖对舆论的影响和作用，舆论领袖能够影响大众对新闻媒体的态度。[8] 二级传播中的舆论领袖在微博中仍然存在。有学者认为，微博传播对于既有媒体的依附加深了既有舆论领袖的地位；微

① 肖宇等：《网络社区中的舆论领袖特征分析》，《计算机工程与科学》2011年第1期。

② Shoham, A. and Ruvio, A., "Opinion leaders and followers: A replication and extension". *Psychology and Marketing*, Vol. 25, 2008.

③ 胡勇等：《网络舆论形成过程中舆论领袖形成模型研究》，《四川大学学报》（自然科学版）2008年第2期。

④ 宋好：《微博时代"舆论领袖"特点探析》，《今传媒》（学术版）2010年第18期。

⑤ 周裕琼：《网络世界中的舆论领袖——以强国论坛"十大网友"为例》，《当代传播》2006年第3期。

⑥ 张秀敏：《浅析名人博客的受众接受特征》，《新媒体》2009年第2期。

⑦ 黄宏：《韩寒博客的影响力评析》，《新闻界》2010年第5期。

⑧ Ladd J. "The Neglected Power of Elite Opinion Leadership to Produce Antipathy Toward the News Media: Evidence from a Survey Experiment", *Political Behavior*, Vol. 21, No. 1, 2010.

博上的舆论领袖又使得微博对既有媒体进行反哺，但整个媒体系统中的话语权仍归属于既有舆论领袖。①

四　文献小结

（一）国内外的研究差异

通过分析可以看到，国内外的研究趋势有两点不同。第一，研究内容不同，国内的研究更倾向于对于舆论领袖的理论研究以及将理论在具体领域中解决问题的应用。在社交媒体时代，对于网络舆论特别是公众事件关注较多。国外的理论研究中以深入论证为主，能够看到一些对原有理论的突破。第二，研究方法不同，相较于国内研究多以理论演绎、思辨和文本研究为主的研究方法。国外更多的成果应用了诸如社会网络分析、数据挖掘、复杂网络等方法来进行量化研究。

（二）文献梳理中的研究空白

以往研究中，对网络舆论的研究与网络舆情事件的研究相混杂，对网络舆论形成中各环节的作用研究较少，对社会学、政治学语境下舆论与公民社会构建方面研究较多；对网络传播机制研究较少，针对舆情控制不同环节管理手段研究较多；对舆论领袖在网络舆情中的描述性归纳较多，而对其影响力构成成分的解析较少。此外，对网络舆论领袖的概念甄别、分类缺乏系统研究，以及近两年随着微博平台的兴起，通过建模手段对舆论领袖影响力进行测算的较多，但均缺乏对影响力解析的理论原点，单纯把舆论领袖影响力等同于信息的传播规模等，同时缺乏对舆论领袖识别、培养和观察的长效机制和系统建立。

综上所述，本书所关注的社交网络平台的舆论领袖研究，希望能在舆论学和传播学的理论框架下深入挖掘舆论领袖对舆论推动的内在动力以及影响力形成的传播学机制。在研究方法上，通过传播学和信息科学相结合的方法，对 Web 2.0 社交媒体平台上的舆论领袖进行纵深解析，挖掘其在舆论构成中的核心价值。

---

① 桑亮等：《微博舆论领袖的形成机制及其影响》，《新闻与传播研究》2011 年第 3 期。

第二章　数字媒体时代的舆论领袖形态

第一节　媒介形态的变化

麦克卢汉说："媒介是社会发展的基本动力，也是区分社会形态的标志，每一种新媒介的产生与运用都宣告我们进入了一个新时代。"

大众媒介在进入电波电视时代后，信息传达的形式手段极大丰富，对受众的覆盖程度也大幅度提升，改变了受众接受信息的方式，也逐渐改变了受众的社会生活方式。而在20世纪末，数字媒介作为新生力量摇摇晃晃地加入争夺受众视线的媒体环境，当互联网经历了新千年的网络泡沫的破灭再获新生时，带给了传统媒体巨大挑战，"传统媒体何去何从"成为不断被提及的议题。截至2015年12月，我国网民达到6.88亿，互联网已从"新"媒体转为大众媒体，与传统媒体共同成为受众信息获取和使用的渠道。

一　Web 2.0时代社交媒体解读——数字环境下传受双方的对话平台

（一）Web 2.0技术提供的信息交互平台梳理

Web 2.0技术是相对 Web 1.0概念而提出的对新一代互联网应用的统称。Web 1.0技术的主要特点是用户通过浏览器获取信息，即用户获取的是通过网站编辑进行处理后提供的信息，互联网是一种信息投递的单向传播渠道。Web 2.0是以 BLOG、TAG、SNS、RSS、WIKI等技术应用为核心，依据六度分隔等新理论和技术实现的互联网信息交互模式。其主要特点是为用户提供一个信息交流的平台，每一个网络端口背后的使用者，既是网络信息的接受者，同时又是网络信息的生产者，实现了网站与用户、用户与用户之间的信息生产和交流；尤其是 Web 2.0技术为信息生成提供的"分享"机制，进一步促使互联网信息的爆炸式增长、病毒性传播。Web 2.0 技术满足了受众对于信息的使用和需求的复杂化要求,实现了人类信息传播的人性化变革。尽管对 Web 2.0 的定义仍存在一定的分歧,但是为用户提供的信息交互作用的标志性特征已经得到广泛认可。

目前,在 Web 2.0 技术平台上 App、LBS 等应用软件、无线通信网络等手段得到广泛应用。同时,搜索引擎优化、视频分享的应用,是满足网络用户对信息获取的一系列独特解决方法;社交网络服务平台,尤其是微博的出现更是为用户搭建了一个以多种信息呈现方式,进行及时的、立体的、全方位的信息交互平台,并由此建构新型的网络社交关系。梳理网络信息的平台和工具主要有以下几种。

1. App

App,全称为 Appication program,即第三方应用程序。Application 原指程序设计中的入口和出口,用于读写信息设置变量等。在 Web 2.0 的应用中,是为程序开发者提供的开源平台,使网络平台功能实现多样化。App 平台的理念同样来源于 Web 2.0 的交互性特征,从用户个体角度,可以在 App 平台自由选择定制自己的个性化页面;从程序开发者角度,在 App 平台上通过统一的标准语言和接口,可以从实际需求出发设计软件并镶嵌在操作系统中,使每一个人都成为互联网内容的提供者。App 深化"用户交互"的体验,其意义已经远远超过了丰富产品自身功能的价值。

2. LBS

LBS,全称 Location Based Service ,即基于地理位置的服务。通过电信移动运营商的无线电通信网络(如 GSM 网、CDMA 网)或外部定位方式(如 GPS)获取移动终端用户的位置信息(地理坐标),为用户提供相应服务的一种增值业务。① 即 LBS 是需要借助互联网或无线网络,完成定位和服务两大功能。

随着 Web 2.0 技术的应用和智能手机的普及以及 LBS 和移动互联网的结合,信息技术呈现了人机互动、人网互动的特征,实现了网络线上与线下真实生活的最佳接触和连接,使网络信息的互动以及信息的瞬时叠加和移动性的特征得到充分彰显,创造性地以"地点"聚合受众的

---

① 百度百科(http://baike.baidu.com/view/152851.htm)。

信息沟通方式，给用户带来了信息交互的新体验，也同时带动了搜索引擎等有线互联网技术的进一步发展，如街旁网，以手机签到为模式，在获取受众地理信息的同时，通过一系列激励机制促使受众进行信息的分享和传播。

3. SEO

SEO，全称 Search Engine Optimization，搜索引擎优化。是一种利用搜索引擎的搜索规则来提高目标网站在有关搜索引擎内的排名的方式。研究发现，搜索引擎的用户往往只会留意搜索结果排序在最前面的几个条目，为此，不少网站希望通过各种形式来影响搜索引擎结果的排序[1]，当中尤以各种依靠广告为生的网站为甚，所谓"针对搜索引擎作最佳化的处理"，是指为了要让网站更容易被搜索引擎接受。通过"搜索引擎优化"的营销路径，可以使网站在行业内占据排名领先地位，从而更多、更显著地被用户接触，被用户理解，进而获得更多的机会。

4. 视频网站

视频网站，是指在 Web 2.0 技术平台支持下，网络用户可以在线发布、浏览、分享视频作品的网络平台。视频网站改变了用户生成内容形式仅为文字、图片的局限性，使得人人都可以独立拍摄、编辑、制作视频作品，并在开放平台上进行作品的分享、评论等。目前，知名的视频网站有土豆、优酷、酷 6 等，视频网站以受众兴趣为导向聚合相关受众，自然完成了受众的分化，视频和音频的内容、形式的多样性、草根化，均大大增强了内容的表现力和信息的分享性，也因此成为各类企业、品牌营销策略中备受关注的一种新的传播形式。

5. SNS

SNS，全称 Social Networking Services，即社会性网络服务，专指旨在帮助人们建立社会性网络的互联网应用服务。也指社会现有已成熟普及的信息载体，如短信 SMS 服务。SNS 的另一种常用解释：全称 Social Network Site，即"社交网站"或"社交网"。[2]

互联网的信息传播的瞬时性、不可控性使六度传播理论的效果集中体现，社交网络平台口碑传播设计原型，将人们在虚拟网络中的信息传

---

[1] 百度百科（http：//baike. baidu. com/view/7147. htm）。

[2] 百度百科（http：//baike. baidu. com/subview/8258/5896174. htm）。

递行为具体化，将个体的真实社交网络在信息技术的支持下得到巩固和拓展，使个体不相交的社交圈之间产生链接通路并提供交互平台，突出代表如 Facebook（脸书）社交网站和"人人网"，从实际的人际网络出发（如校友关系、真实亲友关系），使内容的分享和传播基于"强网络"理论（个体对通过真实社交网络传播的信息的信任度显著高于对通过大众媒体、网络等传播的信息的信任度），使传播效果最大化。

6. 微博

微博，即微博客（MicroBlog）的简称，是一个基于用户关系的信息分享、传播以及获取平台。用户可以通过 Web、WAP 以及各种客户端组建个人社区，以 140 字左右的文字更新信息并实现即时分享。①

微博，一般可以分布在桌面、浏览器、移动终端等多个平台上，将任意一个社会个体的连接呈现在同一平台，导致大量个人生产的信息以爆炸式的方式呈现，使社会化媒体的概念再次呈现新的特征，即人人是信息的生产者、发布者、接受者。微博以其 140 字的短信息容量，适应人们碎片化的时间和内容表达需求，辅以智能手机的发展，使人们随时发布信息成为可能；微博以其特有的@功能，可以将信息主动推送给目标受众，目标受众则可能被动接受该信息，一连串的@功能，导致信息瞬间扩散；微博以其关注、评论、私信等形式，达到了随时评价、随时对话的可能；所有这些信息都可以采用文字、图片、音频、视频等形式即时传播。

微博的博主、粉丝各自形成自己独有的社交圈子，各个圈子之间既可能交互，也可能重叠，各类舆论领袖纷纷诞生，各类热门话题层出不穷，演绎着微博平台独有的舆论风景线。

（二）数字技术平台信息传播的新特征

1. 数字技术平台使人类进入新对话时代

Web 2.0 技术条件下信息交互方式改变了信息的传播规律，信息在传播过程中的双向性、互动性，以及跨地域、超时空的无限可能性，导致人类社会"新对话"时代的来临。

位于世界各地的社会个体借助 Web 2.0 信息技术平台，可以和地球上任何地方的社会个体实现对话。而这种"对话"是即时的、双向的、互动的交互式对话，可以在同一时间和 N 个不同地点的社会个体同时对

---

① 百度百科（http://baike.baidu.com/subview/1567099/11036874.htm）。

话，形成了一对多、多对多、辐射型的对话场景；多个这样的对话场景，则又组成了纵横交错、纷繁复杂的人际对话网络。这是人类社会的信息传播史上前所未有的景观，这种对话"拉近"了人与人之间的距离，"消除"了时间的间隔，所以它是跨地域、跨时空的信息瞬间传播。加拿大传播学家 M. 麦克卢汉于 1967 年在《理解媒介：人的延伸》中首次提出了"地球村"的概念，这个概念在 Web 2.0 时代得到了新的阐释：计算机信息网络构建了"网络地球村"，信息传递的速度越来越快，信息传递者可以"面对面"地通过各类信息传播终端进行即时的"交互对话"，为"地球村"注入了新的含义。

新对话时代的一个重要标志是社会个体身份特征的淡化。Web 1.0 时代互联网信息传播中传者与受众定位清晰，信息的提供者与信息的接受者界限明确。Web 2.0 时代，每一个网络接触者不仅可以通过鼠标点击浏览网站提供的信息，同时每一台电脑的键盘都成为互联网信息的出生地。互联网抹平了真实中的社会个体的身份、地位，在亿万台屏幕的背后，网络连接的是无数平等的信息内容的生产者。用户在接收信息的同时，通过评论、分享等网络"按钮"产生新的信息及促进信息的传播。Web 2.0 时代，每个人都是信息的生产者，传受双方的界限逐渐模糊。

尤其是步入智能手机时代，移动网络携带身边，信息的传播不受时间和地域的限制，社会个体在移动中完成。社会信息可以以最快的速度通过智能手机到达移动互联网，即便相隔千里，信息也可以瞬时完成在网络上的生成和传播。2.0 技术在移动网络和智能手机的支持下，进一步加速了社会个体与全球任意个体的信息交互，实现信息的同步传播，信息传播的强度和广度都得到最大限度的增强。

2. 用户生成内容（UGC）成为可能

用户生成内容（UGC）是 Web 2.0 技术赋予人类实现了人人都可能成为信息生产者、传播者的独特历史阶段，这是人类信息传播史上的重大突破。

信息生产者的任意性、信息内容的多样性和及时性，是这个时代的显著特征。Web 1.0 时代，网站的运营者和编辑决定内容的生成。而在 Web 2.0 时代，每一个互联网的用户都是内容的生产者，人人是记者、人人是编辑。维基百科是用户生成内容的突出代表在亿万条信息产生的背后是亿万次的普通用户内容的生成。而当社交媒体大行其道之时，互联网平台又满足了每一社会个体定制个人网页、生成个性化内容、自己成为把关人的需求。

此时，互联网信息呈现了跨平台融合的特征，信息的相互连接和交汇，跨平台的融合缩小了不同平台之间信息的差异。社会信息资源空前丰富，社交网站、视频网站、微博等平台的内容兼容性、内容定制性促使了用户生成内容的多样性。而信息生产者可以随意"转发""分享"各类信息，信息传播机制的简便易行再次加速了信息的及时、快速扩散，使信息在网络平台的传播出现病毒性传播的新趋势。信息、技术和人一旦实现了有机结合、相互联系、相互作用，就共同构建了人类社会全新的信息系统。

总之，社交媒体为社会个体提供了自我表达的机会和平台（见表2—1），释放了草根的影响力，进而形成了社交媒体的影响力（social media influence），即任意社会个体在网络社交平台上以自己的思想、言论、行为，影响着社群中他人的思想、言论和行为。而拥有一定影响力的社会个体即有机会成为网络舆论领袖。社交媒体的影响力，目前是通过对各类"舆论领袖"影响力的分析作出相应的分析和判断，比如，通过对个人博客的外链数、微博的粉丝数、"人人"的好友等来判断其社交影响力。目前，各路专家积极研发社交媒体影响力评估工具，纷纷开发分析工具和分析模型，试图通过数据挖掘去解释非结构化数据（unstructured data），提出对社交媒体影响力测量的科学评估方法。

表2—1　　　　　　　**互联网平台用户生成内容梳理**

					互联网平台用户生成内容（UGC）分类				
分类	即时通信	视频	社交媒体						电子商务
形式	即时通信软件	视频	论坛BBS	微博：原创评论转发	社交网站：日志照片等	博客	LBS应用	专业口碑网站	电子商务网站（评价）
平台	QQMSN	优酷网	豆瓣天涯论坛	新浪微博	人人网开心网	搜狐博客	街旁	大众点评	淘宝京东卓越
内容	文字图片视频	视频评论文字	文字图片	文字图片视频音频	文字图片视频音频	文字图片	文字地理位置	文字	文字

3. 信息传播呈现去中心化趋势

"去中心化"趋势表现为两个方面。

首先，受众（媒介使用者）在媒体上的游移及不确定性。与传统媒体环境中相比，目前的受众所接触的数字媒体平台的多样性决定着受众人群的游移，导致目标人群相对的不确定性。

对数字媒体受众的分析，目前大多统计和考量的方法是计算网民在社交媒体不同平台之间的"有效浏览时间"，以此为依据分析不同社交平台的"聚合"人群（或称"黏性"）的强度。据艾瑞咨询公司分析，2012—2013 年一年多时间内，增长最快的 10 个网络服务应用中，排名第一是"微博"，同比增长将近 1000%；第二是"团购"，同比增长 500%；第三是"视频搜索"。[①]

其次，依据受众在数字媒体平台上的行为，导致了 Web 2.0 平台的信息传播日益呈现多中心、多元性；中心弱化、中心快速转移。

Web 1.0 时代的信息传播特点是中心凸显，其扩散图景呈蒲公英式，即一个（或少数中心）向外单向扩散。而 Web 2.0 时代每个人都可能成为一个信息中心，每个信息生产者都有表达和传播信息的可能。在自由、开放的内容生成机制之下，无数个单一声音、单一信息构成了信息传播的多元性。社交媒体平台用户有其多样性组成：媒体用户、政务类用户、普通个体用户、"明星"类用户等，不同的用户在自由选择、主动定制信息，分享、评论信息的过程中，完成了自然的聚集，从而导致中心弱化。网络的聚集以兴趣或意见的一致性为基础，跨越了时间和空间的限制，单纯从用户自身需求出发。用户的自然聚集形成不同的自然用户群落，这些自由的用户生成信息机制最终打破了蒲公英式传播图景，进而趋向多中心、多元性。此外，用户在不同网络群体间的身份转换带来了信息传播的快速移动，同时实时的信息传播现状也使信息传播具有瞬时变化的能量，Web 2.0 时代以用户为中心的主动选择和互动机制，带来传播规律的去中心化趋势。

4. 传受关系向"对话"关系的转化

在互联网大规模投入民用前，传播空间中大众媒介由出版印刷及

---

① 曹军波：《去中心化是移动互联网发展趋势》，2011 年 5 月，艾瑞网（http：//wireless. iresearch. cn/16/20110526/140634. shtml）。

广播电视主导，在不同的新闻生产模式中，相同的是媒介的使用受到真实社会中的资源控制，如政治因素、资本因素等。因此，不同的经济社会地位使得人们在媒介使用过程中的资源消费能力呈现出极大差异，当印刷术及电波的普及使人类在图文信息的接收端缩小了差距后，传播活动中的最大差异即体现在信息源和信息传播渠道两者之中了。当一次的传播活动中存在着明确的"源头"与"终端"概念，那对于加载其上的信息本身而言，"传者"和"受者"的区分也是明晰的。因此，在传统的大众传播活动中，"传者"既要拥有渠道消费能力（如购买版面、频率波段），又要拥有新闻采编发布能力，而普通"受众"则指绝大多数新闻信息的被动接受者，即在这样的传播活动中信息的流动有着明确的方向性、指向性，传者在其中拥有绝对主导优势。

而计算机技术搭建下的互联网平台在设计之初，并非想打破这样的悬殊的传播地位差异，或者可以说早期用于国防和科研的互联网设计是为了巩固和扩大这样的信息优势。但是，"打通每一个信息节点"——这样的互联网设计基因使得其自诞生起就携带着信息平等、双向传递的物理特征。因此，互联网使每一个人都成为信息传播的一个节点，可以接收到海量信息。而当社交网络快速兴起，用户内容平台（UGC）大量涌现，每一个体（或组织）可以自由接入"互联网大众传播平台"，将个人产生的信息自由地置于一个（或多个）网络节点上，使之成为每一个互联网使用者都可以获取的信息，换言之，即"传者"在信息渠道优势被抹平之后又进一步失去了信息发布的优势地位。在单一的一次传播活动中，应该说仍然存在传出者和接受者，而重大的变革在于，"传者"和"受众"不再是带有对立的、有着明确主动与被动关系的一组传播概念，而是转变为相对的、双向的可以相互转化的仅用以描述单次传播活动的简单概念。

简单地说，如果说传统的大众传播活动是单向的，从资源优势一方流向被动接受一方，如同在一条河流中筑起水坝，只有处于上游的一方能够积累起足够的势能越过水坝流向下游，而处于下游的一方由于势能的缺乏永远无法实现跨越水坝逆向流淌（见图2—1）。

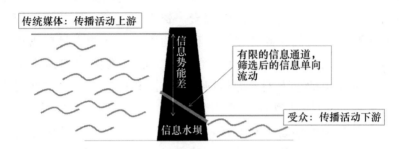

图 2—1　传统大众传播信息水坝现象

相比之下，互联网环境中的个体（或组织）就像一个湖泊中的水分子，相对平均地共享所有来自上游的资源（信息、发布渠道等），在外力的作用下，任何一点都能引起涟漪，形成向外扩散，任何一点也都可以接收到涟漪波纹的辐射，且波纹与波纹扩散中可以实现增强或抵消（对应舆论热点的兴起与消亡）（如图 2—2 所示）。

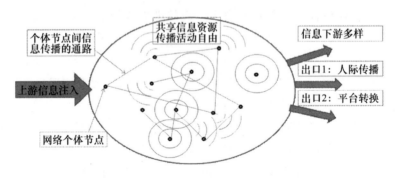

图 2—2　网络传播环境

5. 自媒体与把关人

把关人理论最早由传播学者库尔特·卢因在《群体生活的渠道》一书中用于阐释信息流通渠道。一般来说，是指传播过程中对于进入传播渠道的信息进行筛选和过滤的传播行为者。对于大众传播媒介而言，把关人应理解为是组织行为，把关的标准以新闻信息的客观属性、新闻价值、新闻要素以及媒介组织的立场观点等，即在媒介信息的产生过程中，信息与传播渠道所有者的"立场观点"匹配程度，成为新闻源是否能够成为新闻、新闻以怎样的立场解读传播的重要依据。现存的各种新闻生产模式中，"把关人"都以不同的组织形态存在。因此，在新闻信息编码过程中，并不存在纯粹的"客观中立性"，而是必然要受到媒体立场、经营目标、受众需求、社会文化等多方因素的影响。

可以说在传统大众媒体为主导构筑的公众舆论空间中，受众接收的信息就是不同的媒体把关人过滤下的新闻产品。Web 2.0 环境下的互联网实现了对话平台，搭建了任意用户的信息发布平台，为每一个互联网接入者提供了信息传播的渠道，而每一个人的传播渠道都是全球互联网的一部分，也因此使每一个体直接面对一个覆盖全球的传播渠道。传播渠道的革命性解放、技术平台赋予的个体信息生成能力，使得每一个个体（或组织）的传播权利第一次有效地转化为传播权力。

自媒体，是社交媒体时代产生的用于描述用户可以自由发布信息内容的名词，具体指博客、微博客等社交网站所共同的特征。在中国，2009 年湖北石首的一名厨师的非正常死亡引发了一场群体性事件，而事件首次曝光是围观群众拍摄的视频上传网络，引起网络舆论的轩然大波。正是这次事件，首次引发学界和社会关注自媒体的力量。当"新闻产品"的产生失去了"记者证"的限制，且不需要"主编"的审稿时，实际上每个用户都成为或大或小的自我媒体的经营者，而每一个这样的自我媒体都融入全球互联网，自然构成网络媒体的一部分，并与无数"自我媒体"相互连接，共享传播能力。

计算机技术的普及使"言论权利"无限放大。当每一名受众都可以直接面对大众化的信息传播渠道时，则每个人都成了对自己产生信息的把关人，即互联网用户在微博客上传了一张照片、在视频网站上传一段视频或在 Facebook 状态栏中输入一行文字后，在点击"发布"的一瞬间已经完成了对进入流通渠道的信息的"自我把关"（网络监管的把关作用暂不在此讨论）。每一个个体的"自我把关"背后，必然带来信息产品的"立场观点"的复杂化、多元化。

或者我们可以说，正是自媒体的"自我把关"，使得网络信息无限繁荣，同时，也正是"把关人"角色从组织行为到完全个人行为的转移带来了网络舆论巨大的潜在危机。

6. 病毒传播与人群聚合（见图2—3）

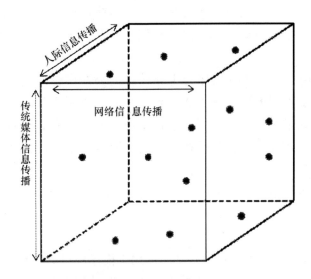

图2—3　个体所处的立体传播环境：受到环境影响并对三个维度的传播产生反作用

Web 2.0 网络时代终结了传统媒体点对面的单向传播局面，由真实社交关系（亲友口碑传播）及虚拟网络社交关系（如 Facebook 关注、微博粉丝）叠加。所有用户的真实关系网与所有用户的互联网关系网络交织叠加，重合的节点即每一个用户（个体或组织），于是在立体的网络空间中，显示社会中的新闻事件的发生将通过任一个节点通道进入互联网网络，而每一个互联网意见表达也可以通过若干任意节点走到现实社会中。

在互联网信息传播中呈现的最突出特征为病毒传播，在生物领域病毒的基因复制是最快速最高效并呈现快速变异的特征，在互联网传播中同样呈现了信息快速复制传递、快速变异等特征。网络意见的传递表达是呈网状分布，个体在网络上不同论坛、社群中扮演不同的角色，有些是参与者，有些是意见引导者。多重社群属性以及六度传播理论，把任何被互联网覆盖的节点上爆发的一个事件以几何倍数的增长速度散布。叠加现实世界网络接口，则使得信息从事件发生，经过"制作"成为信息产品—进入网络渠道流通—产生舆论热点—爆炸式传播—聚合相似观点人群达成"临时共识"—形成共同行为这一过程快速产生。这一完整过程即突发网络群体性事件。

在这一过程中，第一步，智能移动终端（智能手机、平板电脑、云概念相机等）打开了快速通道的大门，即信息源点不可控；第二步，继而在接入互联网阶段，网络运营服务的提供（云存储、WiFi 网络）使终端生成的信息瞬间进入流通渠道，即信息接入点不可控；第三步，自媒体平台发布，互联网病毒式传播，即传播过程不可控；第四步，网络群体瞬间成型，相似观点的聚合产生信息茧房，① 加强共识，网络聚合舆论热点形成不可控；第五步，网络个体对应的线下个体行为聚合，线上线下身份的不统一，LBS 使得线下聚合更快速，从而线下聚合不可控。可见，由互联网病毒式传播带来的受众聚合引起的群体类事件的发生将呈现不可预见性、突发性等特点，也正是 Web 2.0/3.0 时代带给人类社会的最大挑战和冲击。

2011 年，Web 2.0 环境下的社交媒体引起大规模危机频发，"阿拉伯之春""伦敦之夏""尔街之秋""俄罗斯之冬"无一不是上述过程的快速反应结果。而在我国，病毒扩散和人群聚集带来的危机可追溯至 2008 年，三鹿奶粉事件在媒体的参与下被迅速放大，并引起公共危机研究学者的重视。此次"三鹿奶粉事件"所暴露的问题说明传统的政府危机决策已无法满足社会的实际需求。因此，必须优化危机决策途径，提高危机决策质量，从而将危机消灭在萌芽状态或将危机带来的损失降至最低。②

数字媒体搭建的社交媒体，成为网络社群崛起的平台，导致"思想的聚集""人群的聚集""行动的聚集"，导致"信息壁垒"的产生、"信息的变异"，也从而使社会动员、社会组织、社会聚集成为可能。

7. 信息定制化与精准传播

互联网的双向传播、节点间的病毒式传播，使得网络人群的快速聚集成为可能。除事件引发的瞬间的受众的即时聚集之外，网络社交媒体平台上多具有天然的相对稳定的聚合标签，如以身份聚合的"校友圈子"，以共同兴趣爱好聚合的百度贴吧、豆瓣小组，以话题聚合的 BBS

---

① ［美］桑斯坦：《信息乌托邦》，毕竟悦译，法律出版社 2008 年版。

② 胡优玄等：《从三鹿奶粉事件看地方政府的危机决策》，《重庆科技学院学报》2009 年第 5 期。

论坛、"微群"。明确的聚合标签使得所聚合的人群具有爱好或倾向上较高的一致性，因此能够进入聚合群的信息特征明确，符合群特征的信息能够在群体中获得更强的认可，由此带来较好的传播效果。传统模式下的大众传播，由于受众面广，因而在信息生产中对于受众的考量，集中于受众中的主要倾向，忽略了亚文化群体、非主流群体的需求。而互联网的平台使得每一个细微的文化或爱好或特征接近人群不受地理的限制而得以聚合。当一定范围内各个地区的特定话题、爱好、特征的人聚合在一起，则在互联网空间可形成相对较大的规模。当形成一定的受众规模，就孕育了精准信息投放的可能，以及由于人群的准确聚合使得匹配信息的传播效果最大化。

微博客和搜索引擎加速了这一过程。微博的传播基础在于用户对信息的定制，选择关注一个用户（组织）即表示订阅了该用户（组织）发布的信息，从社会心理学的角度选择靠近、关注代表了某些方面的认同或关心。因此，由某一用户聚合的粉丝群对于订阅信息的接收心理基础是认同，即信息对于这样一个粉丝群而言是针对聚合人群的精准传播的一种体现。

搜索引擎则实现了受众选择信息的主动权，网络搜索技术的发展是受众拥有的主动权的强大技术后台，来自任何信息制作商提供的数据文字、语音或影像，均可以视为一个在 Web 2.0 平台上流动的信息符码。搜索引擎的出现，又促使信息的使用者和媒体、信息之间的关系发生了巨大变化：原本分散在不同介质媒体上的同类别信息得到了有效的整合，都可以通过搜索引擎的检索按内容的类别归类。信息使用者已从以往的"选择媒体"变成了直接"选择信息"，他们充分拥有了信息使用的主动性：信息发布、信息选择和信息接收。

微博等社交媒体实现了人群的定向聚合，搜索引擎的媒体平台则实现了按人类意愿进行的信息的定向聚合。因此，在当搜索引擎将精准需求信息聚合投放给背后携带定向聚合人群的某一搜索个体时，则完成了一次将精准信息向精准人群的投放。无数这样的过程叠加，将使网络媒体组合产生的传播效果最大化、人类社会对信息的使用效率最大化。

人类的信息传播再次进入了一个新的历史时期。受众对覆盖全人类的交互的公共信息平台的可选择、可发布信息的权力，在理论上可以达到极值。数字技术构成了虚拟社会信息传播的独特规律，从而导致虚拟社会和现实社会的信息交互和舆论的形成和爆发，由此带来了信息传播研究及管理的一系列新课题。

二　传统媒体的挑战与机遇

（一）传统媒体受到的冲击

传统媒体受到的冲击来自于两个方面：互联网信息的免费及丰富、受众阅读习惯的转移。网络媒介满足并超越了受众对于信息量的需求。网络平台上为受众提供的除新闻类信息外还有覆盖生活每个角落的信息需求。相比传统的电视和报纸，网络媒介的信息容量可认为是无限大，并给予受众完全的主动选择权利。受众不需要购买多份报纸即可获得金融、体育、社会新闻等多方面信息解读，不需要按照频道节目时间表守在电视机前即可在网络点播任一电视节目。与网络信息呈现样式多元化同步发展的还有移动互联网和智能移动终端技术，移动设备携带网络填补了受众的碎片化时间，使及时、快捷的信息获取、信息阅读方式取代了使用整段时间阅读报纸、收看电视的用户习惯。2009 年 3 月，拥有140 年历史的《西雅图邮报》宣告停止纸质版刊印是首个放弃纸刊的有影响力的报业集团；2010 年，普利策首次颁发给网络媒体非营利新闻调查网站 www. propublica. org 和《旧金山纪事报》的网站 sfgate. com，标志着对新的新闻生产运作模式的认可；2012 年，《纽约时报》宣告纸质版将停刊，让人们看到传统媒体的转型在加速。不可否认，新媒体正带给传统媒体越来越大的冲击，而传统媒体也在主动地寻求新生。

（二）传统媒体在数字媒体平台的布局

传统媒体的定义延伸，分为线下传播和线上传播。技术的发展带给传统媒体挑战的同时，也使其看到了受众对于信息的需求，同时传统媒体在内容生产中的优势依然存在，受众对于深度报道的需求依然存在，因此数字技术同样也为传统媒体带来了重新赢得受众的机会。在《纽约时报》纸版停刊带给传统媒体恐慌的同时，还应看到 2005 年其最早尝试进行网络版《纽约时报》的部分内容线上付费订阅。到 2012 年 8 月《纽约时报》的财报显示截至第二季度末，nytimes. com 总共积累了53.2 万的订户，较上一季度增长了 13%，同时其订阅收入在百年历史上首次超越了广告收入。传统媒体的定义被修订，除传统形式的线下内容生产制作传播外，网络内容的生产运营已经成为传统媒体的重要组成成分。以新浪微博为例，注册的媒体认证用户在 2013 年年初已达 11 万，发布新闻信息、表达媒体观点、了解网络舆论议程与用户互动，并获得大量受众关注，成为网络信息的重要来源之一。2012 年，《人民日报》官方微博上线，短短半年时间即收获了超过 300 万的高质量订阅者，同时其每一条信息生产的传播量都较高，使之成为受众了解和关注《人民日报》的重要渠道。无论是《纽约时报》还是《人民日报》，所代表的国内外传统媒体在数字技术的支持下，主动了解网络媒体特征，强化自身内容生产的优势，顺应新的传播规律，有效地整合线上和线下媒体的议程、内容，在迎接挑战中逐步完成了网络平台的传统媒体布局。

第二节　舆论领袖在不同媒介平台的特征

一　传统媒体舆论领袖形态、作用

在经典的舆论领袖理论定义中，舆论领袖应从属于广义上的受众群体。而媒介被视为信息源、议程的设置者，是信息的传播者。因此，从这一角度而言，舆论领袖的影响力体现在人际传播环节而非大众传播中。但是，随着我国社会结构的调整，传统媒体不再是单纯的官方声音，而是逐步打开了与受众的互动的渠道，为民间舆论场的发声提供了扩音器，使普通个体拥有了走上电视面对亿万受众传播个人观点的权力，还可以通过报刊投稿和专栏写作实现印刷媒介的使用权力。从内容制作的角度而言，媒介依然是信息的制作源，但是从舆论表达的角度而言，则是在官方的议程设置中给予了各方声音同一个呈现平台。因此，在当下的讨论中，从舆论观点的形成角度出发，传统媒体的舆论领袖作用主要表现为广播电视媒介和报纸媒介的新闻信息选择议程设置能力、深度报道的信息整合能力和评论文章的观点表达。在信息的传播活动中，传统媒体的舆论领袖是传播者身份，信息单向传播，其影响范围主要体现为收看/收听率、订阅率，而对公众的意见形成影响深度难以及时获取，通常要通过有较大延时的调研来获取。

二 门户类网站舆论领袖形态、作用

官方网站、门户网站是 Web 1.0 时代的代表，体现了网络强大的信息整合能力，通常信息细分程度高，历史信息的留存和搜索能力较强。内容的生成部分来源于传统媒体形式的信息转载，部分内容来源于网站运营的自主编辑。而在舆论领袖形态方面，公众相关议程上的舆论领袖能力与传统媒体相类似，且受影响人群规模不可见，只能通过点击率进行估计。而在细分领域，如消费、文化等，则因其信息整合能力的突出而对受众的选择起到一定的引导作用。

三 社交网络舆论领袖形态、作用

（一）网络论坛舆论领袖

第二代互联网 Web 2.0 的特征是用户交互性强，以用户的自我需求为出发，强调网络群落的形成，为用户搭建网络的社交基础，以此增强用户的网络黏着度。用户在互动和对话中寻找到自我的群体归属，并建立较为明确的"房间壁垒"，如不同的班级群、BBS 版面、帖吧、豆瓣小组等。在每一个群体组织的形成中，都有一个或多个群体的领导者存在，其领导力表现为有一定的受众跟随、有活跃的网络表现（如发帖、转载）。网络身份虚拟，同一个体可以在不同的社群中扮演舆论领袖或普通参与者。网络舆论领袖与受众的关系是平等对话的，议程和热点都在对话中产生，而舆论领袖通常在信息的提供或解读方面有独特优势。

Facebook 是社交媒体网络的先行者，在 2011 年，源于 Facebook 的舆论领袖振臂一呼的华尔街游行和伦敦群体事件都使人们对社交媒体的群体影响力感到震惊。社交媒体的六度传播网络使信息传播带来空前的爆炸式效应，也使稳定存在的舆论领袖能够很快转化为社会动员的发起者，从而将舆论领袖影响力从影响人的观点形成转移为指导受众的行为。

（二）微博平台

微博被认为是 Web 3.0 时代的代表，尽管对第三代互联网的定义尚有争议，但移动互联网的发展无疑是 Web 3.0 的重要特征之一。微博平台将信息平台特征与社交媒体平台特征相结合，同时信息的内容呈现短小的碎片化特征，主动的订阅机制使每一个体只要拥有粉丝关注就拥有或大或小的舆论领袖能力。而传者、受众身份的高度统一也使二级传播的效果凸显，每一个用户都有权利对订阅的信息进行过滤和加工并随时将其传播给自己的粉丝受众。因此，微博平等地赋予了每一个用户成为舆论领袖的能力。而在这样的条件下，更使得在人人都是自己的"意见主导者"的环境下获得的突出影响力则需要在信息的时效性、独家性、专业性等方面有突出表现。继承了社交媒体网站的互动性特征和爆炸式传播特点，微博舆论领袖逐渐在对受众的影响中分化出不同的职能，其中引发最多关注的是对于行动的引导力，如微博反腐、微博问政、通过转发进行公益项目募捐、舆论领袖接力满足弱势群体医疗等方面诉求。随身携带的微博，因其数亿的用户量使之成为当下最有影响力的媒体。在这样的号召下，传统媒体、官方组织等也纷纷走上微博平台，移植、扩大影响力。微博平台再次将传统媒体和网络媒体的舆论领袖特征整合，在全媒体的环境中对舆论产生更为立体的影响。

（三）其他新生技术平台

数字技术发展迅速，一些新的信息交互平台正在逐渐成为受众信息传播活动的活跃场所，如微信。微信是一款 2011 年上线的以语音对话为特色的移动互联网产品。它可以使受众在移动中随时与他人进行语音、视频、图片、文字的交流，支持群体交流，支持位置信息，支持多种形式的好友添加。微信的使用者之间联系的产生可以通过本地电话通讯录、QQ、邮箱等。其中通过移动设备通讯录导入是最重要的方式，它使微信区别于其他的社交媒体应用成为基于真实人际网络的信息平台。微信的意见引导能力体现主要有三点：一是可形成稳定的交流团，且每个用户可以参与多个群体。而基于真实网络的信息传递的有效性极强，群体中的互动性强，语音的支持进一步使意见的加强速度加快，形成一致性意见的可能性提升，尽管群体规模较小但舆论领袖的影响效果提升；二是与腾讯新闻、微博的兼容性接口，使信息、图片可以便捷地加载到对话中，减少了跨平台传播的信息损失；三是微信公共平台的设立，为微信在真实网络的基础上加入了公共性，对公共平台账户的订阅可以收到一对一的信息送达，并可以与订阅方进行互动对话。因其订阅方式即通过对话送达信息，因此公共平台账户如果成为意见的主导者则与受众的互动会加深，对受众的认知形成的影响也会加深。与微博相比，微信的一对一的类人际传播的推送提升了到达率和曝光率，即提升了舆论领袖的有效影响力。

综上所述，将当下传播环境中的传统媒体、网络媒体、微博舆论领袖特征进行梳理，同时与经典理论进行对比如表2—2所示。

表2—2　　　　　　　　舆论领袖形态演变对比

	经典舆论领袖理论	传统媒体舆论领袖	网络环境舆论领袖（BBS、论坛等）	微博平台舆论领袖
社会身份	真实身份	真实身份	网络虚拟身份	真实身份/虚拟身份
传播中的角色	受众	传播者	传播者/受众	传播者/受众
意见传播方向	单向	单向	双向	双向
影响力时效性	延时产生影响力	延时产生影响力	延时/即时	即时产生影响力
评价标准	活跃的媒介使用者、优势社会地位、专业特征、人际活动中的活跃者	媒介本身	网络媒体的活跃使用者、专业属性或事实报道者	拥有稳定的支持者、微博平台活跃、高质量的UGC内容生成者或事实报道者
社会阶层	官方性	官方性	草根性	草根性/官方性
对大众媒体议程的态度	顺应性	顺应性	批判性	批判性
生存周期	长期	长期	短期	长期/短期/瞬时
影响范围	较大	很大	较小	很大
存在形态	显性	显性	固定群体可见	显性/隐性
关注议程	公共议程	公共议程	公共议程/分众议程	公共议程/分众议程

第三节　不同媒介平台舆论领袖在舆论形成中的共同作用

一　舆论环境中的社会意志的表层性和深层性

在我国舆论环境的概念由孟小平提出，在舆论学中指不同领域、不同层次、不同类别的许多具体舆论的有机体。① 现实中的舆论环境是对长期以来历史舆论的继承与延伸，同时不断影响原有舆论的消失和涌现新的舆论。在这些变化中，舆论的表层即讨论中狭义的舆论概念具有较大流动性，基于当下社会环境、社会事件引发的公众整体意见是千变万化的，但同时舆论的深层结构即深层社会意志体现为社会心理、社会态度及社会价值观等，② 其变化相当缓慢因而相对稳定和形态化。因此，舆论环境概念的提出，涵盖了表层性和深层性多种舆论内涵，在这样的立体背景下进行舆论研究、网络舆论研究才能发现相对稳定的舆论内核，透过多变的舆论表层把握变化规律，更深刻地理解现实舆论。③

（一）传统媒体舆论领袖对深层社会意志的影响

传统媒体舆论领袖通过对主流价值观的影响及塑造来达成一致的社会文化基础。舆论领袖概念本身诞生于政治学背景，舆论的形成过程中。在现实政治世界的基础上，在政治家或煽动家的巧妙的符号操作和宣传活动下，大众传媒通过定型的政治印象制造模拟环境，并形成大众定型的心理认知，再形成意志（李普曼，1922）。社会的主流价值观形成与大众定型的心理认知紧密相关，而长期以来肩负传播主流价值观的是大众媒体，即传统媒体。当下，媒介形式变化巨大，网络丰富了大众所面对的信息来源。但在公众心理认知形成的过程中，过往经验、既有的价值观对受众从理解信息过渡到认同信息的过程中作用明显。正如涵化理论所描述，电视等传统大众媒介较大程度上缩小了受众社会认知的差距，使对社会的心理认知趋于一致。大众媒介长期的议程设置、现实构建体现出的领袖能力对受众群体形成一致的价值认知制造了心理环境。同时，与传统媒体的领袖能力产生共振的是受众的个体直接经验。受众并非生活在真空的信息环境中，其个体经验来源于个体的社会活动，并受社会活动的影响。家庭是组成社会的基本单元，电视、报纸等传统媒体是为家庭成员带来相同话题议程的最重要渠道。同时，家庭成员之间的强相关度关系也使其中人际传播效果对个体的认知形成产生较大影响，因此共同接收的来自传统媒体的议程设置和共同所处的社会文

---

① 孟小平：《揭示公共关系的奥秘——舆论学》，中国新闻出版社 1989 年版，第 61 页。

② 韩运荣、喻国明：《舆论学原理方法应用》，中国传媒大学出版社 2005 年版，第 39 页。

③ 陈力丹：《舆论学——舆论导向研究》，上海交通大学出版社 2012 年版，第 56 页。

化，对于每一个个体的认知形成意义重大。在通过社会主流价值观的营造而产生对个体认知的影响基础上，传统媒体舆论领袖的作用则进一步可体现为个体参与下的舆论表达。

（二）数字媒体平台舆论领袖对表层性社会意志的体现与聚合

数字媒体平台实现了受众和信息的细分，从而带来受众群体聚合的自然细分，而在不同数字平台的受众聚合形态不同带来群体领袖的形态差异。门户网站的受众规模大、流动性大、互动性低、聚合性较低等特点使舆论领袖的影响与传统媒体更为相似，在细分领域产生扩散。论坛中受众聚合的标签明确议程边界清晰，其中舆论领袖通常为群体的管理者，如版主等，在对话中对于信息的过滤和解读呈现更多的个人观点并设置议程影响群体。而微博等社交媒体平台群体无明确边界，因订阅关系自然形成，订阅关系中意见一致度高，同时单一个体可订阅多个信息源使个人的传播活动基于综合判断并可加入个人表达，则粉丝多的舆论领袖拥有一定制造信息环境的能力，同时每一个个体都可通过意见表达成为领袖。不同的数字平台满足了受众不同层面的信息消费需求，而不同数字平台的细分、统一平台上受众群体的细分，使舆论领袖所面对的受众不断细分，呈现形态的多样化。同时，每一个个体携带信息、携带不同的舆论领袖或意见跟随者角色穿梭于不同的数字媒体平台间，使不同数字平台带来的或扩散或异化的传播效果相叠加，从而在整体的数字媒介平台上呈现出因舆论领袖而带来的不同平台可瞬时共同产生的信息扩散和变异。

二　数字媒体舆论领袖和传统媒体舆论领袖在舆论形成中议程的对抗与对话

主流媒体舆论场与民间舆论场对话需要以舆论领袖为通道连接。在《公共舆论》中，李普曼指出："当代意义最为重大的革命不是经济革命或是政治革命，而是一场在被统治者中制造同意的艺术的革命。"而这样的制造同意的艺术，正是对话互动观点下的政治社会化过程，即一个通过社会互动而形成政治态度和政治行为的过程。① 那么在政府与公众的对话中，即主流舆论与民间舆论的对话中，舆论领袖则必然担任起

---

① 莫东江：《90 年代美国的公民权和公民权教育》，《青年研究》1998 年第 8 期。

其中的中介作用。如在美国的总统选举中，候选人及其选举团队的舆论领袖形象表现为通过广场演说、广播电视演说等方式与公众对话引导公众意志的形成。正如拉扎斯菲尔德对选举传播中的舆论领袖特质进行的阐述，他们通常表现为：活跃的人际传播参与者、拥有优势的媒介信息图景、善于对观点进行加工并善于互动交流。而在两个舆论场的场域中，需要有具备这些因素的舆论领袖来进行议程的设置和调整，只有两个舆论场的议程设置相对一致才能形成对话，否则各自为营将使整体舆论割裂，产生矛盾情绪。随着我国信息管理的逐步开放，舆论环境逐步回归理性。电视报纸等传统媒体平台，其公众议程的展开更多呈现宣传和引导倾向。在这一平台上的舆论领袖观点表达也呈现出较大的一致性。官方舆论场和民间舆论场虽同时客观存在，但在互联网普及前，民间舆论信息渠道的缺乏使在整体舆论空间中发声不足，因此鲜有民间舆论场的舆论领袖涌现，但互联网平台的出现，使民间舆论领袖如雨后春笋般呈现。对比两者，传统媒体具备媒介信息途径优势、对观点进行深入加工的优势，民间舆论场舆论领袖多为人际活动的积极参与者，同时善于互动交流，可见两个舆论场的舆论领袖对于"制造同意"都有着领导力。在健康的舆论形态中，需要两者的舆论领袖产生议程互动，或传统媒体进驻数字媒体平台并成为或培养同样有力的舆论领袖，才能共同推进舆论发展，避免舆论争端。因此，舆论领袖在两个舆论场的协调中起着重要的通道作用。

在传统媒体时代，议程设置被认为是媒介带给受众的效果影响，即媒介的议程设置能够影响公众议程的产生方向。在互联网出现之前，传统媒体几乎是信息媒介的全部，尽管不能影响公众对新闻事件具体观点的形成，但通过议程设置的作用可以引导公众关注被选择为议题的内容。但当互联网携带网络媒介呼啸而至时，受众获取信息的渠道不再局限于报纸、电视，网络媒体在媒介版图中争得了一席之地，满足了受众的信息需求。当受众不再处于"信息饥饿"状态，传统媒体对公众舆论的议程设置作用就被大大削弱。沉默的螺旋随之失效，网络平台任何一种信息、任何一种观点都因网络的强大连接力、聚合力而不再是沉默的少数。微博更是通过其订阅机制，使受众有充分的权力去选择跟随哪些媒介信息来构建自我认知，并通过信息自主生成、渠道自主选择、传播行为自主决策在对话和互动中形成自然的公众议程。但同时，传统媒体仍然是微博信息的重要来源之一，因此在舆论形成的图景中（见图2—4），沉默的螺旋转化为传统媒体议程与微博自然议程呈双螺旋交替上升的局面。

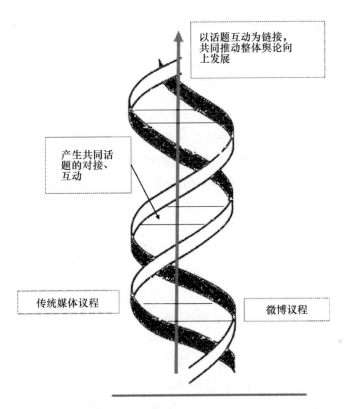

以话题互动为链接，共同推动整体舆论向上发展

产生共同话题的对接、互动

传统媒体议程

微博议程

图2—4　舆论形成中传统媒体与微博的双螺旋图景

（一）对抗性

微博的舆论话题呈现碎片化，议程的形成体现出随机性和不确定性，并通常带有较为强烈的情感表现。而同时微博信息的自主产生，公众缺乏对于信息的甄别的能力。因此，微博平台可能就一些并不存在的"事件"产生极为尖锐的舆论热点，如2010年12月25日的钱云会案，由于死者的身份敏感，在网友自主的分析和信息提供下，"村长被谋杀惨死"的议程成为网络主导声音。随后在当地召开新闻发布会后，《京华时报》《法制日报》《羊城晚报》等刊载了"两目击者称未看到钱云

会死亡过程"的相关报道以传统媒体调查报道的方式主动介入引导舆论走向理性。在舆论热度不断攀升之时，由用户共同推选的代表组成的独立调查团成立并赴乐清进行调查，结果发现确系一起普通的交通意外。在事件的进行中，可以明确地看到三个方向的议程设置：一是来自微博舆论的"谋杀"议程；二是来自传统媒体的与官方言论一致的议程；三是民间舆论领袖联盟形成的独立调查团议程。其中"谋杀"议程和独立调查团议程在微博平台酝酿并成为主导，而传统媒体议程一度成为对立方，但随着事实浮出水面，传统媒体在整个过程中的引导力始终未缺席并为公众进入理性区域起到重要的推动作用。凤凰网对 15000 多名网民进行了"关于钱云会的死亡真相，你更愿意相信"的调查，结果显示，有 1.8% 的网民相信官方给出的说法，10.8% 的网民相信媒体的报道，25.6% 的网民相信微博上的传言，更多的网民寄希望于公民调查团的调查结果。

从上述案例中可以看出：

1. 长期以来，我国传统媒体一定程度上代表着政府管理者形象，在社会矛盾升级、各社会阶层均表现出未被满足的利益诉求时，这种媒体形象在敏感议程上丧失了媒体信息的可信任度，使其议程设置失效。同时，由于传统媒体被赋予传递真实信息、维护社会稳定的职责，因此在其议程设置中对敏感议程的规避同样使其与公众议程产生冲突。

2. 网络舆论的非理性基础。微博平台的草根性特征，使其公众舆论议程的形成呈现向社会弱势群体倾斜的特征。在信息的分析中，一方面 140 字的信息容量有限；另一方面基于经验的感性判断往往处于上风，使微博在社会矛盾的情感基础下，反映底层群体需求的议程、揭露特权阶层的议程成为稳定的舆论热点的议程。而在此类相关议程中，即使是虚假信息，主流媒体也无法通过议程设置来改变公众舆论。

3. 对社会整体的认知差异。多年来，我国的主流媒体形成了报喜多于报忧的特点，致力于为公众营造和谐积极的舆论氛围。而微博平台的民间舆论则关注社会中的矛盾、问题。主流舆论场视角自上而下，民间舆论的焦点自下而上，在两个方向的作用力交会处必然产生冲突。如郭美美案例，一次炫富引发了舆论热潮。主流媒体不断声明，郭与红十字会无直接关联，所涉及的腐败应脱离红会另案讨论。而公众议程对此视而不见，集中于对红十字会的批评，最终导致红十字会的信用降到冰点对我国慈善公益的推进形成巨大阻力。

（二）对话性

当传统媒体意识到因微博平台的普及，媒体议程设置对公众议程形成的引导力不断下降后，官方主流舆论场感受到两个舆论场对立程度不断加剧后，可能引发潜在的公共危机，对于社会整体的和谐稳定产生冲击。因此，传统媒体逐渐在主动寻求于民间舆论场的互动。这种互动也存在一定的基础：在某些公共议程上，传统媒体舆论场与民间舆论场有较强的一致度，如抢险救灾、外交争端问题等；受众对于某些权威信息的需求满足，传统媒体是唯一途径，如经济政策的制定、解读、社会福利相关资讯等。在此基础上，就社会腐败、特权阶级等敏感问题，主流媒体也逐渐主动了解民间议程形成的逻辑，寻求其中的对话和互动点。如前文提到的方大国案例中，每一次舆论话题的推进都与传统媒体的议程设置相关，如新华社的三连问、央视的新闻报道、新华社对外籍目击者的采访等。小悦悦的案例中传统媒体对网络舆论议程的回应和互动也有所体现，表2—3中的观察点是救人阿婆陈贤妹捐出了自己的奖金后曾在网络引起质疑其有意炒作的热点话题，而多家传统媒体合力通过新闻生产的优势对捐出奖金进行了实时报道和采访，通过资料和影像回应了公众议程，并获得较高的传播量，在议程的互动中将舆论向更为理性的方向引导。

表2—3　　　　　小悦悦事件"质疑陈贤妹"话题分析

媒体	观点	转发量（f）	评论量（r）	粉丝数（F）
财经杂志	记录捐出资金（from 新快报）	18280	4418	141325
新民晚报新民网	记录捐出资金	4628	1385	78792
成都晚报	反驳质疑	2314	305	114800
新快报	采访陈贤妹	1964	403	698246
南方日报	采访陈贤妹	1687	555	72990
vista 看天下	反驳质疑、调侃	1498	349	770018
中国企业家杂志	记录捐出资金（from 新快报）	1069	380	108956
新闻晨报	反驳质疑	975	455	943358
新京报	采访陈贤妹	668	239	720803
新快报	记录捐出资金	444	174	698246
扬子晚报	反驳质疑	346	183	920006

（三）共同作用下的舆论走向

微博的出现给予了每一名普通受众信息表达的渠道，对于长期以来传统媒体一家独大的舆论局面进行了有益补充。微博平台成为社会问题、矛盾的显微镜，使公众的很多激烈情绪得以疏导，使悬而未决的民生问题得以聚合社会大众和管理者的关注、赢得解决的机会。在较为开放的舆论环境下，传统媒体则需要在保持原有影响力的情况下，与微博舆论相互借力、互为补充。

让微博成为公众信息需求的风向标，为传统媒体补充信息源。同时对于微博平台呈现的舆情焦点即时予以回应，有效、有力地将主流价值观、客观的信息判断态度输入微博平台。针对重大的舆情事件，传统媒体的新闻制作优势仍须体现为深度报道、专业解读，弥补微博的信息碎片带来的准确度的不足，成为微博议程的组成部分。

传统媒体和微博在舆论引导的议程设置中着力点有所不同，一个是信息需求的表达；一个是信息需求的整合与满足。在公众对于公共事件的参与热情不断提高的当下，多种声音的表达渠道的通畅，将体现为舆论图景的丰富、舆论热点的丰富，只有在传统媒体和微博代表的网络媒体共同作用下，才能使公共话题的热议转化为对社会民主进程的推进。

第三章　微博舆论领袖
——舆论角力场中的关键节点

　　微博是微型博客 Microblog 的简称。2010 年被称为中国微博元年，在这一年借助互联网高速普及的趋势，刚满一周岁的中国微博拥有了过亿的用户。这一年，据《第 26 次中国互联网络发展状况统计报告》数据称中国网民总数达到 4.5 亿。在用户数高速增长的背后必然是用户生产信息内容的大规模传播，而逐渐引起人们关注的是微博"短小精悍"的内在能量，这个社交媒体的新生力量进一步扩大了 Web 2.0 语境下社交媒体引起的传播规律的改变，加速了社交媒体平台舆论的快速成长，同时也加剧了对整体舆论环境、社会管理的冲击。

第一节　微博平台分析

一　微博的产生

　　微博的雏形 Twitter 诞生于 2006 年，在美国注册。它提供了一个大众化的信息出口平台，微博客之"微"满足了信息消费时间碎片化后的碎片化信息的需求，因此在诞生后迅速在全球范围传播和被复制，同样也影响了具有最大传播主体规模的中国。与经过三年成长后的朝气蓬勃当下微博形式不同的是，Twitter"中国化"的起步当属艰难。2007 年，中国第一家 Microblog 取名"饭否"。然而，中国第一代微博客用户在这个平台上热衷互动的政治类话题，以及盈利模式不清晰使得创业者得不到投资支持，不久"饭否"未满周岁而夭折。2009 年 8 月，背靠中国首席门户网站的信息资源平台，新浪上线了自己的微博，并在运营策略上选择了在向草根用户开放的基础上邀请知名用户加入。很快，拥有 5 亿即时通信（IM 产品：腾讯 QQ）用户的中国互联网企业腾讯加入了中国微博的竞争。由此形成了中国微博的创新特点：

（一）搭建复杂传播网络。选择真实人际网络和信息偏好网络相叠加，即通过个人用户的实际网络串联起复杂网络中的重要节点——知名用户，加深"六度"传播理论，在关注推荐中打破了以往互联网产品依靠邮件联系人、用户资料中匹配内容的方法，加入了好友关注的知名认证用户的推荐，从而使媒体信息发布属性和社交网络的互动属性相叠加，极大地扩展了适用的用户群体，复杂化信息的可传播网络，使所承载的信息可传播范围最大化。

（二）打开评论功能。社会转型期，中国民众对于公共事务、政治类话题的关注度远高于其他国家。在具有普适性话题上中国使用者更愿意发言，在"转发"分享信息、观点的基础上"评论"功能的打开，一方面加深了用户间的互动，强化了用户之间的连接强度，间接强化了整体网络强度；另一方面成为新的用户内容生成渠道，使信息产生的点更多，用户发言所需的组织的语言更短、引用更便捷，将微博之"微"最大化。

（三）微博职能的多样化。除了信息发布平台、社交互动平台之外，短短数年时间中国微博逐渐产生了商品交易平台、公益平台、政务平台等诸多职能。这些职能的产生依托于中国微博的复杂属性带来的最大用户群体规模以及中国用户对热点话题的关注方向。当微博不间断地制造舆论热点，社会管理者、企业运营者在一定程度上了解了微博的特点和未来潜在能量的基础上，以微博为切入点主动打通了虚拟网络和真实社会的关联，从而实现了将微博转变为商业运营、公共事务管理的新渠道、新方法。

二　微博平台的技术特征

2009 年石首事件，微博首次成了新闻信息的第一报道平台，从此每一次舆论热点事件中微博无一缺席，并成为产生关键信息源、制造舆论热点、扩大传播范围的重要力量。这样的爆发力与其平台搭建的物理层面的特征有关，因此在复杂的微博舆论万象中，首先需要剥离开信息内容特征、使用用户特征，来看复杂现象之下的基础框架。

（一）物理特点：140 字、支持本地视频、照片上传、长微博

1. 140 字限制。每一条用户信息生成的文字最大容量为 140 字。数

字的产生源于对微博的原型的继承，在 Twitter 的 FAQ 中提到 twitter 进行字数限制的理由很简单，为了所产生的信息简短、更易阅读。设计的每条信息最大 160 字空间，其中 20 字符空间分配给用户名（ID），140 字符给正文。中文微博沿用了这一传统，设置为 140 个中文字符。信息内容长度限制，一方面，降低了用户信息生成的门槛，区别于传统博客的"完整文章"型的内容信息，减少了用户思考的时间成本。另一方面，从信息获取角度而言，由于其 140 字的限制，因而内容更加精练，用户获得信息所消耗的时间成本降低。而作为一个兼具媒体性的信息平台，短信息可以帮助用户快速过滤不必要信息。同时，在呈现界面方面，短信息使用户在屏幕显示一屏中能显示更多的信息，按照互联网产品设计的"三次点击"原则（网络用户如果在三次点击内不能找到想要获得的信息或实现网站功能的话则可能离开网站），因此在普通门户网站中的层级设计非常重要，而对于微博的信息呈现功能而言，三次点击呈现的三屏信息均为短信息内容则能在很大程度上保证用户获得信息满足，从而减少流量流失，提升网站黏着度、浏览时长，而用户流量、停留时常是每一个互联网产品生存的基础。

2. 便捷支持本地视频、照片上传

在文本信息生成的同时，微博平台支持用户从本地硬盘（电脑或手机）上传照片或视频。网络时代，电视剧不一定在电视上观看，电影不一定在电影院观看，书籍不一定在书本上阅读，人们获取的信息类型不再以信息传播的渠道进行区分，广播、电视、报纸、杂志（书籍）这样传统的信息分类方式正在受到挑战，人们在信息的选择上更趋于对信息本身的选择，而这一分类从信息接收端可分为：新闻信息、娱乐节目、影视剧、文学等门类，从信息生产制作和信息运营的角度而言，则可以将所有信息分为：文字信息、视频信息、图片信息、音频信息。而每一种传播渠道传递的内容都是上述一种或几种信息形式的叠加。对于微博而言，以文字加可选择附件的形式，使四种形式的信息被完全覆盖，可形成文字视频、文字图片、文字音频以及纯文字四种信息组合。同时，设置附件部分"视频、音频、图片"为点击可获取，使得在有限的界面内可以容纳的信息量最大化，同时将是否获取附件信息的选择权交给受众，改善了受众媒介感受体验。

另外，视频、照片的一键上传的设置，也是微博成为舆论重要战场的有力支撑。在传统媒体的新闻制作中，新闻事件图片、视频的制作是获得关注的重要手段，也是使新闻更有说服力的重要方式。移动终端、移动网络、智能手机使得每个人每时每刻都成为潜在新闻事件的目击者，因此新闻现场的图片、视频的拥有者不再只是媒体记者。2009 年石首事件的曝光视频即是现场目击者上传网络的。照片、视频使得每一个微博用户的信息发布能力更真实、更可信，也因此使其中的信息拥有更大的传播能量，继而使普通的微博用户都有可能成为舆论的源头、舆论的重要转折点。平台信息内容和形式的极大丰富，带来每一个体在传播活动中的能量和地位的大幅度提高，并最终使得平台及附载其上的信息、用户形成的共同体——微博平台，成为整体社会舆论中不可忽视的力量。

3. 短链接和长微博

短链接：微博内容中加入的其他网页的超级链接，通过点击可以直接进入引用的网页。2011 年 3 月 23 日，新浪微博启用的新的短链接，从 inaurl. cn 变成 t. cn。新浪表示，这比原来短了六个字符，用户可多写三个字。

长微博：将长文本或多图片信息内容转化为一张长方形图片（适用于手机屏幕显示），使用户在点击后可以获得充足的信息量。

微博是信息快餐的供应平台，但同时又是舆论互动、深化、异化、转移的重要阵地。因此，这一平台同样不可或缺的是深度信息的挖掘。平台提供的短链接和长微博是重要补充，这两种形式的重点在深度内容和 140 字短内容的衔接、内容分配中。

在对网络信息阅读方式的研究中，美国传播学者尼尔森研究发现，人们在网络阅读中通常采用快速阅读方式，即力图在 15 秒钟时间内得到想要掌握信息的要点。于是在网络信息编辑中通常会参考倒金字塔原则，即一段只写一个主题，将报道的主题和总结写在文章的最前面，让读者迅速明确报道的主题，这正符合了新闻写作中的"瀑布效应"，而网络用户在碎片化的时间中对于信息的消费需求更集中于对"即时满足"的需求。倒金字塔范式也同样符合微博短内容在短阅读时间内满足用户短暂兴趣需求的特点，因此将微博主体内容作为倒金字塔的入口，而将系统的信息内容阐释分析放在短链接或长微博中，则在短信息传播的基础上，可以在微博平台上进行深度信息的解读，而进入长信息阅读的用户则已经是经过"倒金字塔"的主题入口筛选的对信息关注的用户，即短时间内的精准目标用户。

（二）订阅机制、单向认证

除媒体属性外，微博在平台分类中的另一个重要属性标签是社交网站。而其区别于社交网站的重要一点，即订阅机制。订阅机制，是互联网产品较为成熟的用户服务形式，邮件订阅、新闻订阅等也是最早的精准信息的投放方式，并沿用至今，还衍生出诸如用户界面定制、信息呈现模块定制等服务形式。微博的平台信息传播的基础是用户之间网络的搭建，而网络中任两个节点间的连线即"关注"—成为粉丝—微博平台的订阅。选择"关注"即表示订阅了该用户生产的信息，既包含了该用户自发生产的信息内容，也包括用户转发传播的其他信息源内容。而这一过程只需要单方面进行，即对于信息源在被订阅之前并不会收到"是否同意被订阅"的询问，即单向认证。只要单向订阅行为发生，则信息源所生成公开信息都会被订阅者接收到，同时使该信息自动拥有了被进一步转发的权利。尽管每一次的转发传播都会以"被@"的形式通知原始信息源，但信息源却无权对信息的传播进行管理和干涉。单向认证的订阅机制，使形成节点之间连接的难度降低，因此网络规模的扩大相对容易，便于信息的大范围传播。

（三）用户与信息的自然分类

微博的网络搭建以成为"粉丝"为基础。信息的订阅以认同或关注为基础，从心理学的角度而言在选择订阅一个个人时，基于对该个体的兴趣或关注，如朋友关系或明星的粉丝；选择订阅一个组织机构微博时，基于对该组织的信任认同或对其发布信息的需求。因此在彼此相连的订阅关系形成中，关注—粉丝，通常情况下基于"趋同"，社会心理学中指出人的自然心理是抗拒相左意见的，而倾向于与意见一致的人相处或交谈，于是在"关注"机制的背后形成了用户的自然分类。

微博的信息传播是以"转发"为基础。信息在被转发的过程中存在较大的"变异"的可能，如"郭美美"事件中，最初的博主信息发布是以个人生活展示为目的，而在一级一级的转发中不断被异化，逐步从个人生活转向批判炫耀、挖掘人物背景，最终牵扯到红十字会。因此，微博的信息扩散过程中，分为一致性扩散和对抗性扩散，一致性扩散指转发用户对信息源持相同意见或对信息内容感兴趣，而对抗性扩散过程中则使相对立的意见各自集中，因此两种情况下都产生信息在传播过程中的自然分类。

人是信息传播中的永恒主体，因此同质相吸的人群基于认同或兴趣的自然分类则必然带来信息传播中的自然分类和自然集中。

（四）标签

标签在微博平台分为两种，一种是用户身份标签，是每个用户对于自身的描述性概括；另一种是部分微博中出现的由两个#号标注的部分叫作话题标签。两种标签内容都是由用户自行生成，是用户进行自我/话题主动分类的标志，同时也成为在微博平台搜索中被找到的重要线索。身份标签帮助在某些方面具有同质性的陌生用户在微博平台找到彼此，找到认同。话题标签帮助关注某一个话题或需要某一类信息的用户导航到所需的信息圈中。因此，在微博的社交媒体属性中，标签是重要的实现节点间连接、节点与信息圈的连接的途径，也因此成为人群聚合、信息聚合的一种方式。

（五）即时性、随时性平台

微博产生于移动网络、社交媒体高度普及的时代。在互联网逐渐成长的20年间，即时通信工具如QQ、MSN高度普及，受众在点对点的沟通中充分享受到即时信息传递的优势，同时，2005年后开心网、人人网将社交媒体的概念深入到人们的日常生活中，为个体带来了公共分享平台，使个人产生信息可以在朋友圈中获得关注、发散式分享传播。这些受众媒介基础的培养成为微博成长的优质土壤，使受众明确了对发布即时性个人信息的需求。同时，随着移动互联网高度发展，智能手机迅速普及，截至2015年12月，中国通过手机上网的人数达到6.2亿，而此时中国互联网用户总计6.88亿。[1] 在2013年通过移动终端访问互联网的人数首次超越电脑访问互联网人群规模。移动互联网的成熟，为实现"随时"信息传递搭建了基础。也正是在社交媒体"即时性"与移动互联网"随时性"的双重特征的驱使下，微博才有机会成为信息海洋中的一艘快艇，在任一时间、任一地点、任一用户都可以通过智能终端将信息呈现在4亿微博用户面前，而如果产生的信息具有焦点性、普

---

① 康钊：《手机成上网第一终端：微博增长最快》，2012年7月，新浪科技（http://tech.sina.com.cn/t/2012 - 07 - 31/01397445951.shtml）。

及性，则这样"即时"的信息将"随时"被微博平台从一朵微小的信息浪花瞬间酝酿成舆论的狂风巨浪。即时性、随时性是微博在移动互联网环境下的重要动力，同时也是微博带给舆论环境巨大冲击力的主要技术原因。

三　微博的传播学特征

微博平台如何产生信息与用户行为之间的关联，又如何区别于既已存在的其他社交网络平台、门户网站平台？在舆论的形成中，微博的运行机制背后，一系列传播学特征使其形成独特的传播规律。

（一）传受统一，双向传播

在单次的传播活动中，信息的生产者或信息的发布者是传播中的传者，而信息的阅读者即传播中的受众，如在电视、报纸的信息传播中，在特定时间、特定频道播出什么节目则相应地选择该节目的观众成为电视受众，在不同类型报纸的不同类型版面印刷了哪些消息则相应地选择阅读该消息的读者称为报纸受众。在这样的关系中，信息传递的方向清晰，有明确的指向性，在这样的传播活动中，传受双方的传播地位有较大差异，信息生产者占有信息原始来源的优势、信息的选择过滤优势、信息的编辑呈现方式优势，而受众相应的选择是被动选择，能够选择的只是切换遥控器和购买哪一份报纸，这均是在给定的选项中做选择，而并非主动提出信息需求而获得的信息满足。然而在微博所代表的社交媒体平台中，这样的单向传播模式被打破。尽管订阅关系是单向的，但是每一个个体通过订阅都拥有了选择信息源的权利、过滤信息源带来的信息的权利、选择主动成为信息源的权利、对已有信息进行再编辑的权利，在一次传播活动中，拥有信息传播的主动权，也因此在微博产生之后，学界业界展开了对"自媒体"这一新概念的讨论。同时，在连续的转发过程中，每一个节点都在按下"转发"的瞬间经历了上一个订阅关系带来的独立传播过程的受众角色和下一个主导向自身粉丝的独立传播过程中的传者角色，因此在这个平台上的"受众"概念被修正，每个节点都是传与受的统一体，而这种统一也正是个体传播权利的实际体现，实现了从拥有"传播权利"到拥有"传播权力"的能量上、实践意义上的飞跃。

双向传播的基础是反馈和互动机制。微博平台的信息内容以用户生成内容（UGC）为载体，而用户生成的内容除微博的生成、转发外，还有另一个信息表达的通道"评论"，正如前文所提到的"评论"功能的开放是中国微博与原型 Twitter 的区别之一。评论是用户对某条微博信息内容的反馈，而每一个评论都会有系统提醒原博主查看，也就是说尽管订阅关系是单向的，但是对于收到的信息每一个单次传播活动内的所谓"受众"都可以在信息源博主的空间内给予评价、给予反馈（这里不考虑博主关闭评论功能情况），那么在这样一次活动中，信息不再是单向流动，而是在到达"受众"方后携带更多信息返回信息源博主一方，实现了真正意义上的双向传播。而双向传播的意义在于真正的传播活动中平等关系的建立，即在一个桌面上，尽管主题发言人只有一个且基于订阅关系与会者并非发言人邀请而来，则在第一轮发言之后，每一个与会者都有机会发表个人观点，且机制保障观点的反馈会使主题发言人听到，也能使其他与会者听到，是为互动机制。在这样的机制下，提供了开放而平等的传播关系，是虚拟的"圆桌沟通"。而这样的传播、沟通基础也使任一话题的舆论不会轻易被某一主题发言人掌控，必定是得到最多人认可的反馈观点能够通过走出会议室后每一个个体以其他身份参与到其他"圆桌沟通"进行扩散，最终形成所谓该话题的舆论环境。因此，这样的舆论环境接近自然舆论的产生，使其体现出更多的多样性和不可控性。

（二）信息的聚合、扩散、变异

在微博的传播扩散图景中，焦点信息的扩散呈现爆发式。其呈现的爆发式传播以及可观测的重要节点带来的一定规模的二级传播都是与微博的网络结构紧密相关的。微博网络中的任意两个节点间产生连接只需要单向认证，这使得成功形成一条信息通路的机会增加、时间成本降低，整体节点网络搭建的难度下降、可产生的规模扩大，同时每一个节点间的双向传播通道，使得信息传播中每经过一个节点都使网络的复杂度加倍，因此整体的网络复杂度呈几何级数增长，一旦在某一节点形成焦点信息，则整体的传播扩散能量不可估量，呈现爆炸式传播，指以很小的引爆点形成能量巨大的破坏力。而另一个用来描述微博传播特点的名词"病毒式传播"，则体现了微博平台信息传播的另两个特征速度快、可复制程度高。在生物学语境下，病毒的繁殖与其他生物体都不同，基因复制的速度惊人且变异性强。微博的信息传播与人际的传播不同，在转发的一键作用下，信息得到复制瞬间并进入下一个复制瞬间，而由于每一个博主的粉丝都拥有粉丝，因此每一个瞬间复制激活的是激活点所面对的所有粉丝，这样的复制速度正是与病毒相符的，即不需要从信息源（母体）进行复制，而是其间每一个节点都成为二级、三级信息源。而变异与之相伴，在转发的过程中，可以在 140 字范围内进行个人表达，因此在表达观点的转发之后，新内容与信息源同时进入之后的传播活动，而其中每一个节点都拥有改变观点的能力，因此最终形成的焦点与信息源相比有可能出现极大变异。

在微博平台上，信息的扩散呈现病毒式、爆炸式特点，兼具了瞬时性、复制性、变异性的特点，而同时，由于每一个焦点的产生都必然有若干主要节点的作用，那么对于信息的向外扩散而言，对于重要节点则是一次使其他节点向自身靠近的过程，又称为聚合。则在一次舆论形成的过程中，主要节点通过既有的多级、双向传播网络，将关注其生成信息、参与该信息传播的人纳入其有效传播网络。同时，在重要舆论事件重要节点传播活动中，会因传播规模的不断加大而使更多节点选择直接与重要节点"关注"构成最短连线，减少信息传播中的变异和损耗，那么该节点的传播网络强度就得到提高。在这样的条件下，传播规模和粉丝数相辅相成地不断扩大，使传播节点在这一波舆论焦点过后拥有更大的传播能量、更有效的传播网络，聚合了更多有效节点，为下一次相关传播积累了能量。

（三）信息的定向、精准传播

微博的出现，放大了互联网普及以来信息传播变革的诸多特征，140 字限制以及视频、定位等功能满足实时性、便捷性需求；单向关注，满足了信息定制需求；转发、评论等迎合了意见相似聚合趋势。而在这些特征之中，尤其重要的是，微博最大化了 Web 2.0 语境下的"对话"特征，即在互联网搭建的拥有最广大信息用户的新型媒介平台上，"受众"概念被修订，取而代之的是信息用户或信息网络节点，"受众"权利被放大，每一个信息接入端对于信息的接收和发送均有主动选择权，"用户节点"间的平等地位是由互联网的物理结构决定的，同时也是"对话"关系形成的重要基础。而在信息双向传递、对话关系形成的同时，微博在其迅速扩散的传播能力之外，更在双向不可控传播的同时兼有了定向传播的能力，使微博信息在自然的爆炸式传播的同时可实现精准传播"定向爆破"，即微博的"@"功能。即在微博信息中通过@使被@的用户强制看到信息，同时在转发中可以通过系统自然产生的"@"标注用户而看到信息的某一段传播路径。独特的"@"机制使微博同时兼具了 IM 征、信息接收选择的同时，具有强制信息覆盖的作用。并在一定程度上，@符号成为微博的符号表征。

1. IM（Instant Messenger，即时通信）特征

从微博平台对用户的所有信息提醒中，包含三类：用户信息转发、用户信息评论、用户被私信。即时性特征一定程度上通过@机制实现，同时即时特征也是微博舆论环境所呈现的热点快速形成、快速变异、快速消解的"速度"之源。

通知信息中直接涉及@符号的是转发和评论，获得转发后会得到系统即时信息通知，同时在转发者文本中显示"@＋信息源 ID"；在收到其他用户评论时系统向信息源用户发出即时通知"@＋评论用户 ID"评论内容。（1）转发的@功能使信息源用户对自身信息的传播范围、卷入人群可获得即时了解。（2）评论的@功能使对于信息源内容的讨论互动程度增加，对信息源信息进行评论不需要与之产生单向或双向关注，因此使能够参与和卷入话题的人群范围扩大，同时使卷入话题讨论的用户之间可见、可对话，即不仅形成博主与评论者的双向信息传递，评论者之间也可以产生"不丢失信息"（系统的@评论即时提醒）的即时互动，实现对于信息源话题的圆桌互动形式，并由无数个话题圆桌最终共同构成微博平台的"对话互动"特征。转发中体现的即时特征，带来了信息的瞬间传递，同时系统的定向通知机制使信息的瞬间传递加深了有效传递程度，正是微博引发舆论热点的瞬时性基础。评论中的即时通知特征，使话题能够迅速卷入大量受众，继而带来大量用户信息生成，而用户信息生成在快速的对话机制下更易引发话题的分支信息，从而随着评论内容的可转发则会引起话题快速变异、舆论热点的快速迭代、新热点的瞬间形成。

第三类为私信，即收到不公开直达信息后的系统即时提示，这一功能即传统的 IM（Instant Messenger，即时通信）工具如 QQ、MSN 的基础功能移植。在社会学社交网络研究中，虚拟网络即时通信所构筑的网络基础相对于其他社交网站而言，具有网络强度更大、与真实社交关系重

合度更高的特征，因此属于强网络连接。微博私信的 IM 基因的直接嫁接，从网络强度角度而言，对其社交特征的信息网络强度进行了加固，增加了用户间的信息交互通道；从用户体验角度而言，保障了用户信息的私密性，同时满足了用户在平台信息消费中产生即时通信需求后的功能满足，使用户不必产生平台转换，平台不会因此产生流量流失，通过点击一键实现即时私密性通信，增加了平台的用户黏着度。这也是除海量碎片化信息之外，私密度与传播度兼具也是微博之所以可以达到活跃用户平均日停留时长达到 29 分钟/天的因素之一。

2. 信息接收的选择性：从发出@的角度

互联网普及后的近 15 年所产生的信息已经超越了人类自诞生之日起所产生并留存至今的信息量的总和。门户网站是 Web 1.0 时代的代表，即将海量信息按目录提供给受众。受众可以在所提供信息中进行选择，而信息源的选择和呈现方式是由网站平台决定，因此受众对于呈现信息有选择点击收看与否的能力，是为有限的信息选择权。在有限的选择权力机制下，为了满足所有自身信息需求，用户需要在海量信息中进行过滤，因此在收到需求信息的过程中必然受到海量信息冲击，并在长期的日常信息消费中消耗大量选择的时间和注意力成本。微博的出现改善了这一问题，微博的粉丝—关注机制使受众拥有了选择信息源的权力，使登录平台的时刻所呈现的信息均为用户主动选择的信息源，很大程度上减少了过滤信息的成本，使信息获取效率提升。

微博的海量信息来自每一个用户节点的 UGC（用户生成信息）的发布，在赋予用户定制信息源的基础上，对于用户信息的接收也可以通过@机制提升信息有效到达率。当一则 UGC 产生后，理论上所有的用户粉丝都能够看到这样的信息。2012 年第三季度，微博用户数量突破 4亿，而截至 2014 年第三季度平均每天活跃用户达到 1.67 亿，[①] 每天产生过亿的 UGC 信息，而用户平均使用时长为 29 分钟，因此如何使自己的信息在有限的受众登录时间内有效到达而不致错过呢？除了内容发布技巧（如重复、选择发布时间等）外，从机制上微博通过@提供了信息的"快递"服务，当用户登录平台后，会在系统通知中看到等待阅

---

① 新浪公司，《新浪 2014 年第三季度财报》，2014 年 11 月，新浪科技（http：//tech. si-na. com. cn/i/2014 – 11 – 14/05309789968. shtml）。

读的"快递信息",点击即表示"签收"信息,使信息被有效阅读的概率提高。在文本中加入"@+送达对象ID"就像将信息作为内容快递到用户面前,避免了用户没有时间逛信息商场而错过信息商品。

此外,微博的单向认证订阅机制扩大了信息可传播范围,但同时也使得单向通路中难以实现从订阅方向信息源的信息主动传递。而"@"的选择性弥补了这一缺憾,其选择性不仅体现在强化粉丝接收效率,同时对于并无直接网络连接的用户节点也可以通过@的方式将信息送达。在UGC文本中@的用户并不需要产生单向关注或互为粉丝即可生效,使对方收到系统提醒,这一点使微博成为一个在4亿用户中任一用户都可以选择若干任意其他用户进行定向的有较高到达效率的"广播"。

因此,微博的信息接收选择性体现为:通过"@"机制,微博信息可实现有选择性的提高部分受众的信息接收效率,也可实现除"粉丝"群体外的其他用户接收范围有选择性的扩大,其扩大的理论值可达到全部用户。(正是因为@机制带来的潜在送达范围的最大化,为避免用户的垃圾信息冲击,因此微博平台对于每个用户可直接@的ID数进行了限制。)

3. 信息接收的强制性

从某种程度来说,微博的@功能信息传递,使这个社交媒体平台在其选择性、互动性的基础上加入了传统媒体时代的一些强制性基因。使用户没有订阅的信息内容也可以通过@路径被送达眼前,正如广播、电视选择了频道后信息的呈现即为强制性送达。强制性送达在一定程度上以牺牲了用户体验为代价,但其优势在于在既有的门户网站信息接收效率低的情况下提升了海量信息的接收效率。并对平台上舆论热点的形成带来了诸多被动特征。

被传播——在主动信息源选择中,用户定制了个性化的信息界面。但通过系统通知到达的被@信息可能超越自身的订阅范围,则在完全主动选择的同时用户节点会形成信息的被动到达。

被圈入——在被传播的基础上,由于信息源信息的每一次被转发都会引发一次被传播ID的进一步的信息强制送达,因此当信息源产生一定热度后,被传播用户即被动卷入一个舆论热点话题。信息的到达率,在传播学上是指在特定暴露频次范围内有多少受众知道并了解所传播信息。对于媒体的有效程度,暴露频次比到达率更为重要。在一定时间范围内，一般认为暴露频次至少达到两次，可以被认为受众有效了解信息。因此，当被卷入一个热点话题后，话题内容反复强制送达某一个用户时，其有效接收该信息的概率增大，即用户有效卷入话题的概率加大，进而在形成话题热点中发表 UGC、参与二次传播等的行为概率相应增大。

（四）移动互联网时代，顺应时间、内容、群体的碎片化

微博信息 140 字的限制使用于信息消费的时间成本降低，而信息内容又是订阅信息，使组织后呈现出的信息更适应受众需求，提高平台黏着度。短文本、照片等多样信息的累加使平台信息呈现多样化，并易于阅读。以新浪微博为例，2012 年 5 月，3 亿用户中 60% 的活跃用户通过移动终端登录，2012 年 11 月，已有 72% 的微博用户同时使用移动客户端及 PC 机登录。移动互联网的迅速发展，智能终端的高速普及，使微博成为最适应移动互联网的第一代产品之一。用户的移动特征带来了信息消费时间碎片化、内容摄取的碎片化，而微博这一原 PC 端产品因其本身内容的短小、文字图片等信息可即时生成上传，使其在过渡到智能终端后不但没有受到冲击，反而进一步放大了自身的特点。

1. 信息需求的碎片化，从精准到一群人的投放，到精准到每个个体的投放

Web 2.0 环境下社交媒体的火热已经呈现出明显的针对人群的信息精准投放的可行性了，如针对学生群体的人人网、针对上班族的开心网、针对不同兴趣小组的豆瓣网等，微博平台并非单纯的社交媒体平台，它打破了多数社交媒体以明确的聚类名称进行人群区分的方式，依靠自身的信息平台资源优势、经验优势，强化了以话题聚合人的能力，使每一则信息都是通过用户的主动选择自然成为用户需求的内容，使整个平台的基础即信息的指向性精准投放。换言之，即形成了每一个用户的主动选择被信息投放的过程。

2. 人群聚合的碎片化、即时性

在其他社交媒体平台已经实现了按照可见的相对固定的特征进行人的聚合，微博平台在继承了部分特征人群聚合，如名人粉丝的聚合人群与百度贴吧、豆瓣小组相似。与此不同的是加大了因话题而聚合的即时形成的人群。在热点话题的传播中，根据六度传播理论可到达传播网络中的任一节点，而微博的瞬时性传播特征可使得某些话题瞬间聚合并无

直接网络连接的人群，并基于"订阅即关注认同"的心理基础提高了即时聚合人群的意见一致性和相关性，使即时聚合的话题人群的短时间群体性增强。

3. 携带圈子卷入聚合

Web 2.0 的社交媒体平台使小众话题、小众兴趣的个体得以在互联网平台聚合，而微博平台因其每个人传受身份的统一，使每一个个体都携带自身粉丝参与到每一次的传播活动中，即每一个人的每一次微博行为都是携带圈子完成的，而微博平台的信息传播又呈现多级传播现象。因此，每一个被话题卷入的个体都是携带圈子进入的，也由此使聚合的能量扩散速度从个体到群体变成群体到群体，即从几何级数的人群卷入演变为裂变式增长（见图 3—1）。

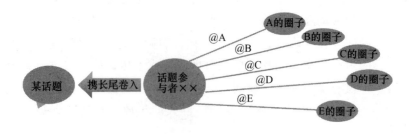

图 3—1　携带圈子卷入话题示意图

第二节　微博舆论的形成

舆论的八要素中的三个基础要素为：议程、公众、意见。对于公众关心的议程，公众意见的表达和互动形成舆论。舆论的功能是对舆论的客体，人、事物、意见、观点等产生影响，而舆论领袖则是在公众意见表达中进行引导。舆论领袖通过其对信息的过滤作用，选择性接触信息、选择性解读信息，从而对"不活跃的公众"进行有倾向性的引导。舆论领袖的带有主观选择性的意见表达，使在传播活动中相对被动的"不活跃的公众"进一步处于沉默的螺旋中，更易于顺从舆论领袖的意见表达。在整体的舆论形成中，体现为在舆论领袖的引导下受众的观点跟随成为舆论形成的重要成因。舆论领袖通常处于舆论中心，对舆论形成的具体作用则主要体现为对信息的加工整合以及面对公众的主动传播，而持不同观点的舆论领袖的对话和互动则使舆论不断复杂化。在复杂的全媒体时代，在社交媒体平台特征集中体现的微博平台，舆论领袖在舆论形成中的作用更为凸显，其作用表现也在经典理论基础上有进一步延伸。

一　我国舆论形成的特点

从舆论的定义出发，可以发现舆论与经济社会环境、舆论环境（表层及深层）、公众本身的关系密切，这三者的关心表现为宏观因素对舆论形成的影响。在学者的论述中，将影响舆论形成的主要宏观因素归纳为：公众总体、舆论环境、中国舆论场、舆论波，即把舆论放在特定的语境下、场域中进行讨论，综合考虑总体公众的变化、总体舆论的变化、现实社会的时空变化以及舆论的源流状况（陈力丹，2012：59）。以下从这四方面出发，分析我国当前舆论形成的特点。

（一）公众总体——兴奋且迷茫，表达情绪化

信息技术不断发展，在我国信息管理部门对于信息管理与信息自由流通理念不断与公众产生碰撞和对话后，个体受众所面对的信息空间逐步增大。同时，市场经济的深化在使群体利益得到调整的同时，也逐步带来公众的社会压力。公众整体，特别是处于舆论高地——城市的公众普遍拥有较大的生存压力、较强的信息接触能力和更为强烈的对公共事件的意见表达欲望。开放的网络环境、多样化的网络平台使普通公众主动卷入舆论的门槛降低。同时，直接面对海量信息、任一节点用户都能产生自媒体新闻信息，使公众缺乏对大量未经证实信息进行判断的能力，因此在舆论形成中、焦点舆情事件中，公众的表达呈现出迷茫、易受感染、个人表达情绪化的特征。谣言事件的产生即是公众整体迷茫偏信的表现，如山西地震谣言数小时内广泛传播，引发数十万人夜宿街头，盐荒谣言曾使城市民众主动参与传播并响应集体抢盐。有些研究者认为，公众整体网络信息教育的缺失、即时的公共信息监控机制的缺失是形成社会谣言进而产生社会群体危机事件的重要原因之一。

（二）舆论环境——深层社会意识与表层舆论的冲击

表层的社会意识表现为舆论，深层的社会意识表现为社会情感和价值观。前者呈现一定的流动性并容易被公众感知，而后者沉淀在社会意识的底层不易被公众感知，但在深层社会意识对于个体的信息内化、形

成认知的过程中产生重要的潜在影响，在受众未感知的情况下，对受众参与舆论的表达构成影响。如尊敬老人、帮扶弱势群体、尊重残障人士等处于社会价值观层面，一旦有与之发生冲突的事件，则极易反馈在表层舆论中。而当下我国信息环境较为开放、宽容，多样化的价值观不断涌入并存于社会意识中层。因此，当涉及多样化的并存价值观，或有对抗性价值形态事件时，其深层的价值冲突在表层的舆论中有相应的体现，此时舆论的一致性较难形成，而易于发展为冲突性的舆情事件。

（三）中国舆论场——社会群体的分化和矛盾

舆论场是引用了物理学中"场"的概念，用以描述特定物质相互作用的空间。空间具有较为清晰的边界以及内部有不同的因素控制。舆论场的最早提出是用于描述舆论形成的一种情形。[①] 在我国，地区经济发展对地方舆论的形成亦有明显作用，表现为东西部差异、城乡差异，东部舆论、城市舆论成为中国舆论场的主要引导作用。城乡、东西以及贫富差距的加剧使社会群体的分化愈发明显，海量信息的呈现在信息获取平等的前提下将减少知沟效应，拉近分化的社会群体的舆论表达，但由于社会信息化中终端、网络架设、收入水平等限制使平等消费信息的权利暂时难实现，在这样的前提下，海量信息将扩大人群认知差异，使人群对整体社会的感知不平衡。同时，拥有表达能力并善于表达的人群在整体人口中仍属于少数，其网络意见表达多为群体利益诉求，使网络舆论表现为部分公众的一致性意见而非代表全体公众的社会意志。从这个意义上来讲，网络舆论与代表整体社会表层意识集合的舆论有一定差异，因此不能简单将网络舆论等同于公众舆论。

（四）舆论波——社会矛盾的一种集中呈现

舆论波是以波涛汹涌的状态由舆论中心向外扩展的动势，是民心波动的再现。[②] 描述的是表层社会意识的传播，既表现为上下的波动，又呈现横向扩散的趋势。舆论的中心往往是焦点事件或话题，在传播方式上表现出中心辐射、遍地涌动、两点呼应、多渠道互补的传播特征。在我国，舆论波的中心往往是由社会意识深层的矛盾涌动到表层的一种集中体现。议程具有明显的中心性，公共性带来的向外扩散的能力强，如

① 刘建明：《当代舆论学》，陕西人民教育出版社1990年版，第283页。
② 刘建明：《社会舆论原理》，华夏出版社2002年版，第161页。

腐败、医疗改革等问题，与公众的相关度高，舆论形成的一致性强，甚至可能通过两点互动加强舆论强度，并在社会中产生群体行为反馈。

二 微博舆论的定义及基本要素

正如本书的综述所言，对于网络舆论的定义、微博舆论的定义尚有所争议，本书从舆论的定义出发，以舆论形成、舆论导向为视角，将微博舆论定义为：在微博平台上，公众以网络身份对社会及社会问题产生意见、态度、行为等方面的表达，具有一致性、强烈性，同时具有理智和非理智成分，并对公众舆论的整体产生影响。构成微博舆论的基本要素为：

微博舆论主体——公众中的微博使用者。

微博舆论客体——社会及社会现象、社会问题（公共性话题）。

微博舆论自身——微博内容中态度、意见、情绪表现的总和。

微博舆论数量——一致度，围绕某一公共性话题产生意见的倾向性。

微博舆论强度——内容中的言语表达、内在态度和行为产生。其中特别重要的是舆论中的社会动员功能带来的行为的酝酿和产生，是一种强烈的舆论强度的体现。

微博舆论持续性——快餐式的微博信息消费行为，使其舆论的持续性较弱，除具有较强普适性的话题外，一般随着舆论客体的消失而消失。

微博舆论的功能表现——影响舆论客体。如政务微博的推广使反腐、应急事件处理、打拐等许多公众议程在现实世界中得到及时的反馈。

微博舆论的质量——微博舆论不等同于公众舆论，是公众舆论的一隅。信息的庞杂以及信息源的多样化，使微博舆论的稳定性较弱，易被情绪性信息引导，其舆论主体体现出一定的从众和盲目性。多数微博舆论持续时间短，快速兴起快速消亡，舆论中非理智成分较多。如果微博舆论能够持续较长时间，则其中的冗杂信息、虚假信息在公众自发对话中自然消解，舆论的质量将有所提升。

除了舆论八要素外，微博舆论还有着明显的与公众舆论间的关系，是公众舆论的呈现平台之一，同时对公众舆论施加影响、产生反馈。

三 微博舆论形成的过程及其中的舆论领袖作用

在对舆论形成的研究中，综合《舆论传播》与《舆论学——舆论导向研究》中对舆论形成的过程描述，本书将其过程主要分为社会矛盾转化为社会议论、个人意见的扩展与一致性意见的形成、重要的刺激事件的出现、舆论领袖与权威意见的引导四个阶段。微博舆论的形成侧重于表层舆论，因此在舆论形成过程中，社会矛盾向社会议论的转化这个过程通常是由微博舆论开始酝酿，在整体公众舆论中体现，微博平台难以将其与个人意见区分开来。因此，本书将微博舆论形成过程描述为四个阶段：舆论发生期两个阶段，舆论发展形成期两个阶段。

（一）社会问题的个人表达

社会总是在发展变化的，每一个个体是组成社会的基本单位，每一个个体的社会观察、过往经历皆有其独特性，因而社会问题、社会议论的存在是广泛且必然的。当社会处于平稳或进步时期时，社会议论是平缓的，社会发生结构或制度的突变时则社会议论瞬间激化。社会议论本身是个人思考的表现，表现在微博平台上即社会问题的个人表达。个人的意见形成是舆论形成的起点，任何舆论形式都起源于某种形式的个人表达，每个个体都是舆论主体公众的组成部分，微博舆论源于个体的社会意志表达，但并非所有的个人社会意志在微博平台的表达都能够形成微博舆论，因为舆论的形成还需要其他因素，如受规模、强度的制约。

（二）意见在微博群体互动中的趋同

若干个人意志的表达构成了微博舆论的潜在性。通过转发和评论的连接，个体公众之间产生交流和互动，在同一问题上个体经验和社会观察信息的交流使意见的差异逐渐消除，产生舆论的萌芽。因此，所谓公众不是简单的个体叠加，公众舆论也不是简单的个人表达的叠加，微博平台在由个体会聚为群体的过程中有社交媒体社会关系的作用，亦由微博传播机制带来的线上订阅关系的转接。于是，凝结在真实社会关系中的影响、劝服作用，体现在订阅关系中的认同、模仿作用以及其他各种有形无形的精神与物质影响力，使个人意见在微博网络沟通中交织成舆论因素，每一个个体不断调整社会认知，同时整体的社会意识趋同。

（三）偶然的事件激发

当整体趋同的社会意识形成后，便随着传播和互动不断与深层社会意识中的价值等因素相融合，逐渐呈现相对稳定和固态的认知。此时，一旦相关的社会事件或突变发生，则对社会意识层产生刺激，激发了表面舆论的产生。在微博平台，具体化的事件表现为带有刺激性的某个个体内容的生成。事件是激发点，引起趋同的社会议论向舆论转化，具体到微博平台，激发过程因微博的裂变式传播特征而使舆论数量和强烈程度急剧变化。

（四）舆论领袖的引领

将局部意见衍化为社会舆论，依靠舆论领袖的引导，把局部意见聚合为社会知觉，则需要系统而逻辑的思维表达。在传统媒体时代，承担这个任务的是社会精英，他们对社会意志趋同的公众思想进行总结提炼，并通过有影响力的渠道再度传播给公众。而在微博平台，社会精英依然是其舆论领袖的组成部分，但当所有个体都拥有广泛获取信息的能力、拥有有影响力的信息传播渠道时，普通个体也可以承担舆论领袖的作用。而更多时候，普通个体的自我表达即可称为"激发事件"，作为微博舆论主体的一员可以在生成激发意见的同时成为舆论领袖。

微博的舆论产生过程大致如上所述，但并不意味着微博舆论的形成必须经过这些步骤，其中激发事件、意见在互动中的趋同等环节出现的顺序也并不固定，但从以上思路来剖析和解释微博平台舆论的形成是与整体舆论的解析架构一脉相承的，应成为微博舆论分析的基础。

四　微博舆论事件梳理

一个新的传播媒体普及 5000 万人，收音机用 38 年，电视用 13 年，互联网用 4 年，微博只有 14 个月。① 截至 2012 年 12 月，微博用户规模为 3.09 亿，较 2011 年年底提升了 6%，手机微博用户规模达到 2.02 亿，即有 65.6% 的微博用户使用手机终端访问微博。19 岁及以上中国

---

① 上海交通大学舆情研究实验室：《2010 中国微博年度报告》，2010 年 12 月，百度文库（http：//wenku. baidu. com/link？ url = UrMcjAojGpHkOBHo7oXZw7 – nY5QCLZCz0kEBHmb0gIQAk – dfVbA – wUqmRB0ACuUIyonNhdDOa7LLxpDQ6DgPVS49YK06 – DnianH3IuEwoW3）。

网民中，微博用户的渗透率达 88.8%。① 微博因其短小的信息特征，顺应碎片化的信息消费趋势，在便携的移动终端支持下，已经如影随形地成为大众信息获取的主要途径，成为延伸大众信息视听感知以及与信息环境进行交流的重要媒介。

《2010 中国微博年度报告》中显示，在 2010 年舆情热度靠前的 50 起重大舆情案例中，由微博首发的有 11 起，占 22%。

从 2011 年 471 个舆情热点事件中有效样本的分布情况看，新媒体首次曝光的事件有 307 起，而传统媒介曝光的仅有 145 起，不足前者半数，仅占总数的 30.8%。而在新媒体首次曝光引发的舆情事件中，微博的表现最为突出，首曝案例比例由前几年的 0 增加到 2010 年的 9.3%，2011 年又飙升至 20.3%。② 如表 3—1 所示。

表 3—1   2011 年网络舆情事件 TOP

序号	事件	天涯社区	凯迪论坛	强国论坛	新浪微博	腾讯微博	合计
1	7·23 动车追尾	7288	1849	1348	2823515	6842000	9676000
2	佛山小悦悦事件	351532	2114	1563	4501634	2881871	7738714
3	日本 9.0 级地震	131616	4908	851	3804683	3546262	7488320
4	郭美美事件	5799	2348	2973	3832538	3500651	7344309
5	深圳大运会	1640	796	643	2006881	5135881	7145841
6	利比亚政局	7468	10003	26708	3384789	3185887	6614855
7	药家鑫案	35476	4651	11688	1862120	2112162	4026097
8	乔布斯去世	7552	171	951	2864872	588667	3462213
9	上海地铁追尾	2883	228	330	1629631	568649	2201721
10	各地房地产限购	3633	2054	3273	1534204	647099	2190263
11	抢盐风波	38961	870	704	691650	1204947	1937132
12	免费午餐计划	3867	844	381	969750	381358	1356200
13	李娜法网夺冠	2071	261	1054	285161	974071	1262618
14	神舟八号发射升空	1057	30	394	52562	833042	887085

---

① 中国互联网络信息中心：《第 31 次中国互联网络发展状况统计报告》，2014 年 3 月，中国互联网络信息中心（http://www.cnnic.net.cn/hlwfzyj/hlwxzbg/hlwtjbg/201403/t2014030 5_46239.htm）。

② 谢耘耕：《中国社会舆情与危机管理报告（2012）》，社会科学文献出版社 2012 年版。

续表

序号	事件	天涯社区	凯迪论坛	强国论坛	新浪微博	腾讯微博	合计
15	钱云会案	295747	1054	3025	512891	12238	824958
16	故宫失窃系列事件	3071	39	2541	476691	178956	661301
17	上海染色馒头事件	990	601	592	239955	340967	583105
18	刘志军贪腐案	865	808	256	381473	180368	563770
19	双汇瘦肉精	1530	79	677	177170	377005	556461
20	微博打拐	213	202	309	292877	131615	425216

　　在表3—1 2011年的网络舆情统计中①：7·23动车案、钱云会案，都是从微博平台首度曝光引起舆论热潮的案例。而如广东佛山小悦悦案例，尽管其信息首发位于传统媒体的电视报道，但在新浪微博话题引发450万的发帖和转发，使微博成为传统媒体、新媒体共同关注的重大舆情事件的主要推动力和舆情发展的主要战场。

　　2012年，微博在网络舆论中继续保持了引爆舆论热点的重任，重庆事件、广东乌坎事件、四川什邡事件、陕西微笑哥事件、沈阳大量商铺关门事件等均为信息到达微博后改变了话题方向引发了大量舆论关注，其中微笑哥和沈阳商铺事件更是由网民在微博首发形成爆炸式传播的（见表3—2）。

表3—2　　　　　　　　　　　2012年舆情事件TOP 20

序号	事件/话题	天涯社区	凯迪社区	强国社区	新浪微博	腾讯微博	人人网	开心网	合计
1	钓鱼岛与反日游行	2240000	206000	113000	68463301	52958600	740000	5270000	177420901
2	伦敦奥运	44800	26400	5070	55562228	12868900	39300	6530000	75833598
3	神舟九号与天宫一号对接	121000	7340	2570	35157797	3422700	72700	447000	39231107

---

　　① 祝新华、单学刚、胡江春：《2011中国互联网舆情分析报告》，社会科学文献出版社2011年版。

序号	事件/话题	天涯社区	凯迪社区	强国社区	新浪微博	腾讯微博	人人网	开心网	合计
4	黄岩岛与南海局势	2240000	143000	61600	10007209	5532000	579000	302000	18864809
5	《舌尖上的中国》	42300	1360	708	10747662	371200	71700	11484930	22648160
6	莫言获诺贝尔文学奖	1260000	1650000	3450	6204462	1872400	386000	23300	11399612
7	周克华案	80800	19200	3280	5839215	2358600	21700	1650000	9972795
8	方韩论战	152000	51900	2920	9083229	144000	31100	34300	9499449
9	王立军、薄熙来事件	126000	32800	8160	7271540	1080000	155300	46400	8720200
10	北京特大暴雨灾害	660000	39900	3660	3722233	1170000	61000	2420000	8076793
11	毒胶囊与"皮鞋很忙"	1660000	15100	2210	4874332	374000	298000	63700	7287342
12	电商价格战	87100	645	589	5079242	755700	13200	12700	5949176
13	微笑局长成"表哥"	382000	25000	5900	3034127	1232800	4890	36000	4720717
14	广东乌坎事件	30400	9290	574	2881361	51400	8170	6650	3987845
15	四川什邡事件	38600	7210	14634	1580787	745000	12200	15100	2401331
16	陕西孕妇引产事件	48200	4840	546	1848717	147100	5650	152000	2207053
17	多地曝集资案	545000	48600	3210	1057293	47100	125000	58900	1885103
18	哈尔滨塌桥事件	68700	6710	1950	1242917	381400	24800	125000	1851477
19	沈阳大量商铺关门	114000	5880	632	987222	159500	46700	6750	1320684
20	最美女教师张丽莉	36400	1960	490	892480	137000	15900	15600	1100830

　　从 2010 年微博元年至今，数年时间，微博已经成为民间的主要舆论场，它在民间舆论的形成中往往扮演两种角色：自媒体条件下的新闻信息自由生产使微博成为新闻的源头，或在新闻通过主流媒体等其他渠道到达微博后，经过民间舆论场的发酵扭转了舆论方向形成的舆论热点。更进一步，微博从引发网络舆情到引起社会动员，形成了网络舆情热点与线下行为共振的特征，如 2011 年的日本地震引发的抢盐话题发展成为抢盐行为，始于微博的陕西地震谣言引发当地数十万人半夜走出家门，2012 年的钓鱼岛问题热议引起诸多城市的游行。

　　因此，微博引发的舆情事件，不仅表现出聚合意见形成爆炸速度快、话题变异速度快的特点，也越来越表现出线上的热点舆情与线下的社会动员之间的快速转化特征。

　　事件中舆情转折点通常是记录舆论走向的重要标记。网络舆情的转折点是指在某一时间点上引起舆论传播规模的爆炸，又可称为引爆点。在一个舆论事件的发生中，通常将其分为舆论准备期、舆论爆发期、舆论消解期和舆论平复期。网络舆论的准备期指事件信息的出现逐渐引起关注的过程；爆发期，指引发一定规模关注突破爆炸式传播阈值后形成的裂变式传播效果的过程；舆论消解期，指因事件实效性丧失，或事件得到有效化解后逐渐淡出公共视线的过程；舆论的平复期，指舆论事件完全平息后的阶段。一次舆论事件中可以有一个网络舆情转折点，在复杂舆情中也可以有多个转折点。转折点的出现，通常集中于舆论的准备期和舆论爆发期，但在舆论的消解期也有可能产生新的舆论转折点，重新将事件推入新的舆论爆发期。就舆情的转折点的特征而言，主要有两点：具有议程设置、议程改变特征，经过重要网络节点的传播。

　　以南京梧桐被砍事件为例。

　　南京梧桐事件，较为完整地体现了舆论发展的四个时期，2011 年 2 月，因为城市规划要拓宽道路，南京着手砍伐、移栽路旁梧桐树的消息在网络论坛 BBS 进行了较长时间的讨论，这就为话题的爆发酝酿了舆论基础，属于舆情准备期。事件的第一个舆论转折点是于 3 月初黄健翔、孟飞等微博名人在微博平台的信息转发引发的第一次信息的爆炸式传播，从图 3—2 可以看出黄健翔的微博是导致此事件舆论最高峰主要动因。在舆情的暴发期中出现了第二次的舆情转折点，即在第一波热潮下，引发了具有较强地域性的第二波舆论高峰，即南京市民在微博上号召走出家门为梧桐树系绿丝带的微博动员热点。如图3—3所示，是以南京地区的网络用户为对象的百度指数热点分析，可见在南京当地的舆情呈现出明显的双舆论转折点态势。

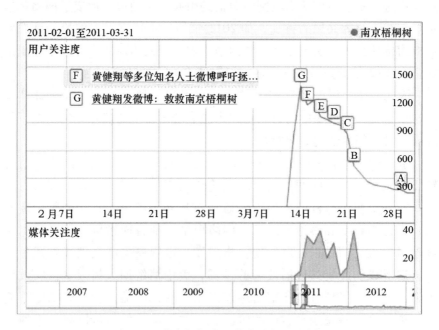

图3—2　南京梧桐事件热点分析（全国）

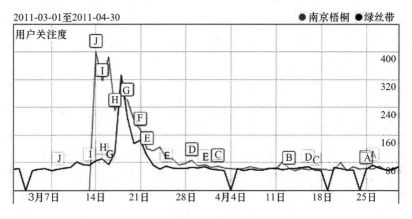

图3—3　南京梧桐事件"绿丝带"热点分析（南京）

南京梧桐舆论事件进入消退期的重要转折点，则是南京市官方微博带来的正面回应，从减少砍伐到停止砍伐，正面回应了网络舆论议程，从而结束了网络舆情爆发期，使舆情趋于平稳。同时在舆情的平复期，南京市出台了保护城市树木的文件，消息经官方微博发出后，对舆情的平复期起到了强有力的巩固作用。

微博带来信息快餐式消费，使网络舆情呈现转折点凸显、热点快速兴起的态势。而同时，用户的关注力碎片化及微博的信息量大的特质，可以成就一个热点也会快速冲散一个热点。因此，在关注网络热点兴起的转折点不可控性的同时，也应该注意到消解舆论热点的"负向转折点"可控性如何，在激烈的舆论热点中使舆情进入消退期的因素除了时间以外还有哪些因素。

第三节　微博平台的舆论领袖

一　微博平台的舆论领袖定义及分类

经典理论语境下的舆论领袖，以往多为社会知名人士、技术专家、名人和明星，他们拥有媒体的话语权，能对公众施加影响。然而，网络的快速发展进一步提升了网络舆论领袖的动员力和影响力。网络的虚拟环境一定程度上抹平了身份地位和信息源优势，使网络平台的舆论领袖在原舆论领袖概念下发展和分化。

传统的大众媒体完成了从社会真实到呈现媒介现实的过程，通过信息的描述向大众构建信息世界。而舆论领袖则在信息的解读中加入其影响，最终作用于每一个受众的信息内化。网络环境复杂、真实与虚假信息相伴，在这样的环境中舆论领袖的作用进一步放大，通过对信息的处理和解读左右信息的传播方向，变异了其话题的内容。

（一）微博舆论领袖定义

在我国，主要的两大微博平台腾讯微博、新浪微博拥有最多粉丝量的前十位均为影视明星用户，这一类用户粉丝量大、生成信息内容的转发评论数高，他们的微博内容多为工作生活或涉及部分社会热点话题。从传播效果而言，这类用户是无可争辩的明星博主。反观舆论领袖的定义，追本溯源，是缘于政治学背景下的对新闻内容如何被受众解读方向的研究。在美国总统选举中，拉扎斯菲尔德等确立了舆论领袖在大众传播到受众解读过程中的过滤和中介作用,即舆论领袖需是具有一定力量的外部示范作用。在关注网络传播关键节点对于整体舆论环境的影响中,所定义的舆论领袖即舆论形成中的关键节点。因此,微博舆论领袖需具备如下特征:渠道优势——信息资源的提供者;有意见输出——且通过意见输出影响他人意见形成;舆论中的活跃者——有一定规模的直接受众群。

1. 渠道优势:信息源

信息的认知具有首因效应,即在个体的社会认知中,通过"第一印象"对客体的输入信息的内容对于其形成认知观点具有最强的影响力,其影响时间也是最久的,通常后续信息若要对抗首因效应则需付出百倍的信息量。[①] 信息源的传播效果优势明显。而在互联网平等的公众接入机会下,传统的媒体信息首发优势受到挑战,任一用户都可成为新闻的目击者、专访记者,不需要受到报纸、电视的制播时间、频道版面的限制,而是任一地点、任一时间都可产生信息的首发。在首因效应的影响下,受众对于信息的接收程度高,参与二级转发的概率也相应提升。因此,微博的短平快特征将首因效应带来的认知影响进一步扩大成为影响个体传播行动能力,使首发信息源在舆论形成中左右受众观点,成为舆论领袖。

2011—2012 年,在微博平台首次曝光的事件中披露用户均呈现了粉丝量瞬间增长的趋势,如郭美美事件涉及的中国红十字总会微博,尽管在该事件中是作为负面形象一方,但因其不仅是涉事主体更因其官方认证代表了发布信息渠道的权威性而在登录微博 9 小时后迅速拥有过万粉丝,至今已有 15 万粉丝,在事件危机公关之后更成为公益类信息的重要发布平台、公众对于公益事件的监督和讨论平台等。从事件重要节点转变为公益类信息的舆论领袖。

而涉事个人用户方面,也呈现传播能力的井喷式提升,从而拥有较大影响力。2010 年江西省抚州市宜黄县凤冈镇发生了一起因拆迁引发的自焚事件,事件在网络上引发了三波舆论的高峰:拆迁自焚事件的发生、凤凰卫视介入事件报道、钟家小女儿钟如九开通新浪微博。其中第

---

① 李希光、郭晓科:《"网络信息管理"专题——群体性事件的网络舆论引导》,《行政管理改革》2012 年第 6 期。

一波舆论高峰的产生是由于事件涉及暴力拆迁这一公众关注的敏感话题，事件本身具有爆发点。第二波舆论高峰缘于香港传统媒体的特殊媒介立场参与事件报道的角度、内容与当时国内主流媒体的议程设置的差异性较大。而第三波舆论高潮的引发则源于微博、爆发于微博。事件家庭成员开通微博账户，寻求舆论支持、法律援助，由此掀起舆论热潮，被称为"维权史上新的一页"。钟如九的新浪微博认证信息为：江西抚州宜黄县拆迁事件当事人。通过在微博上信息直播，引起全国网友的关注。钟如九的微博也因这一事件而成为维权相关主题的主要发声场所。分别在新浪和腾讯微博拥有 3 万和 51 万粉丝。成为此事件舆论传播图景中的重要网络节点之一。在 2010 年 9 月至 11 月，引起最大转发传播的均为其发布的关于母亲姐姐医疗情况、当地政府的行为等直接的事实播报。

在公共事件中，事件的第一时间信息披露者、事件中的主体两部分微博用户通常会引发事件的舆论高峰。因其针对事件本身而言的信息渠道的直接性、权威性而带来可信度的提升，从而其内容的发布影响了受众对事实的认知、提高了对受众的观点形成影响能力、进一步将左右受众在信息传播中的行动（如进一步转发、评论等），形成对受众整体的传播效果影响，成为一定程度上的舆论领袖。

2. 内容过滤：有力的表达意见

Web 2.0 阶段各种社会化媒体和社会计算技术为标志的数字化技术，改变了传播复杂网络上的信息生产和交换本质，使得信息呈现出极为活跃的生产和扩散状态，信息海洋中的信息只有交由用户自己进行过滤和组织的时候才最有价值。① Web 2.0 技术环境下最能体现主动过滤和组织信息的就是搜索引擎和以微博为代表的社交媒体网站。搜索引擎通过输入框实现了与用户的对话，结束了信息无差别投放到用户的局面，在用户的主动"关键词"（指在搜索引擎输入框中输入的搜索需求文本）过滤之后，将网络信息进行梳理和组合按需、按序呈现给用户。微博则是从传播活动的起点赋予了用户更多主动的权力，选择信息源，成为自我 UGC 内容的把关人，主动进行自我信息界面的内容组织。

———————

① 唐乐：《从"传者—受者"到"对话者"》，《新闻大学》2011 年第 2 期。

　　媒介是架设在公众与事实之间的桥梁，① 在当下庞大的信息流冲击之下，无限膨胀的信息资源和有限的注意力资源之间的矛盾使这一桥梁作用更显示出其构建显示的作用。受众在"客观真实"到"主观真实"的过程中，"媒介真实"成为其从认知真空到建构现实的重要途径。根据传播学上的"二级传播"假设，新闻事件并非直接作用于公众，而是由一些民间专家先行做出解读，形成价值判断，传递给公众，公众对他们十分信服，甚至到了盲从的程度。网络舆论看似亿万网民在发声，但核心环节是这些"舆论领袖"在设置议程、掌握话语权。② 在微博平台，核心用户的现象凸显，在 2009 年伊朗抗议事件引发了对 Twitter 的关注后，研究发现其中 86% 的帖子来自 10% 的用户，97% 的内容来自 30% 的用户。相似的是，在新浪微博财报显示，截至 2012 年 9 月 30日，在 4.2 亿用户中平均每天活跃用户为 4230 万，而 80% 的微博帖由加 V（实名验证）的活跃用户产生。

　　尽管微博实现了对媒体话语权的分权和对公民"话语权"的技术赋权，但仍并不意味着人人平等地获得了话语权。因为"话语权"在政治学解读中是公共权利的一部分，并带有现实影响力的含义。而在传播学语境中，话语权是公民自由表达权的一部分，指人们自由发表言论的"权利"空间，隐含着信息知晓权与接近权的前提，更指言语影响他人乃至舆论的"影响力"，即"话语权力"，其实是一种现实的社会权力，或者说主要表现为一种媒介权力。③ 因而微博平台涌现出一批意见输出的重要网络节点，这些节点用户或因专业背景权威身份突出，或因熟悉媒体环境掌握信息渠道，或因社会资源优势拥有跨界影响力而在公众事件、公共议程中善于表达个人观点，并获得有效的大量传播。这些节点的内容文本的生成，往往将因其"实际权力"的优势左右受众"主观真实"认知形成，成为一定范围内的舆论领袖。

　　3. 受众基础：活跃关注者众多

　　内容生产是每个媒介平台的生存的基础，微博平台每天产生过亿的微博。用户生成内容（UGC）的普及，是 Web 2.0 的重要特征之一。在

---

　　① ［美］麦库姆斯：《议程设置》，北京大学出版社 2008 年版，第 2 页。

　　② 人民网舆情监测研究室：《2012 中国互联网舆情分析报告》，社会科学文献出版社 2012 年版。

　　③ 李名亮：《微博、公共知识分子与话语权力》，《学术界》2012 年第 6 期。

微博平台，用户每发出一条微博就是一次用户的内容生产过程，在这个生产过程中，舆论领袖作为多级传播中的一个环节，可以不表达"评论意见"而完成内容产生，最突出的例证即微博平台影视明星微博。微博的技术特点支持可聚合规模的可见性，其中重要的体现就是粉丝数。粉丝这一概念源于英文的"fans"，其在互联网平台的应用已有较长时间，此前多用于描述明星的支持者、追随者，以支持特定的明星为一致度聚合，聚合平台如百度贴吧，在互动和讨论中加强一致性。在对传统粉丝的研究中，对某一位明星的兴趣点往往缘于表达对其"欲望、珍视、寻求、渴慕、敬佩、嫉妒、赞美、保护、支持"等心理基础。[①] 这样的粉丝心理中的部分适用于对微博平台的粉丝解读。

微博因其"技术赋权"平等接入每一个用户端口，使在物理层面每个人对于信息使用、传播的能力均等。但我国微博的"认证功能"在此基础上加入了对部分用户的识别认证，这既在一定程度上通过身份绑定维护了微博部分信息发布的有序性、权威性，同时也在整体用户群中标记出部分用户，使其更易被识别，而身份的认证本身即代表了一种资源和心理地位的倾斜。除此之外，对于明星用户的粉丝群而言，学者詹森所描述的粉丝心理也将原有的平等对话关系调整为一定程度的心理地位倾斜。这样的倾斜就带来了认知的盲从性，因此明星博主的内容生成就对其粉丝拥有了更多的支配力、影响力。以新浪微博为例，在粉丝数量榜的前十位均为影视明星，其粉丝数均在 2000 万之上。微博平台首次使互联网信息的可传播能量如报纸的发行量、电视节目的收视率一样可见。明星微博博主的粉丝与其他类型微博关键节点用户博主的粉丝关系稍有不同：

（1）明星博主的内容发布多为个人生活内容，非严格意义上的公共话题，不具有普适性。但这些内容正是聚合粉丝前来关注的基础——满足了粉丝的如看娱乐新闻般的"窥私"心理，第一人称发布UGC 拉近了他们与粉丝的关系。同时，绝大多数明星博主并无在评论中与粉丝的直接话题互动，这种"非互动性"却因移植前如"贴吧"也无互动对粉丝的使用体验并无伤害，且因其第一手信息较之贴吧等

---

① ［美］朱莉·詹森：《作为病态的粉都——定性的后果》，杨玲译，北京大学出版社2009 年版，第 130—131 页。

BBS 性质平台更有时效性和可信度从而加大了粉丝黏性。可见"粉丝心理"基础的影响力、黏着度具有非常高的稳定性。

（2）转发即意见表达。在以明星特征收获众多粉丝之后，再涉足部分公众关注话题时（如公益、寻子、求医等），基于认同心理的粉丝群对内容表现出更积极的传播态度。往往带来更多的信息二度转发，从而使信息曝光度骤增。体现出公众议程中明星博主的舆论领袖特征，即将转发转化为"认同意见"获得受众认可并影响受众传播活动决策——加入转发。无内容文本生成，即形成意见主导作用是明星博主的突出特征。

因此，对于内容而言，是否经过了"舆论领袖"的"转发"，决定了可聚合的意见的规模。微博平台的关键节点的领袖能力表现为三个维度的优势：信息渠道、内容过滤选择、直接受众规模（粉丝）。而在具体的传播活动中则可以根据优势选择或组合的不同而在传播中选择由意见聚合人群或由既定人群扩散意见两种途径。

（二）微博舆论领袖分类：官方舆论领袖、民间舆论领袖、草根舆论领袖

从网络舆论研究的视角出发，首先将网络舆论领袖梳理为三个主要类别：

1. 官方微博舆论领袖：指拥有传统媒体或者线下实体资源的微博。此类舆论领袖通常在信息的权威性、真实度等方面有突出特征。详细分类及描述如下：

第一，传统媒体官方微博。特指线下传统媒体，如报纸、电视台等在微博平台注册的以传统媒体的名称为用户名的微博。以报纸类最为突出。为了在新媒体的冲击下寻求出路，纸媒纷纷在微博平台注册其账号，发布内容主要分为发布对应纸媒内容、转发报道类信息、就某一话题给出其网络版报纸链接等。也有一些报业集团，旗下官方账号分立，彼此之间有信息的分享和互动。如南方报业集团旗下《南方都市报》《南方周末》《南都周刊》等。

第二，政府职能组织官方微博，又称政务微博。2011 年全国各省地级单位纷纷开设政府组织及政府人员认证微博。有关资料显示，目前开通微博并认证的政府机构和党政工作人员已近 3 万。至 2011 年年末，上海、北京等地分别以"上海发布""北京微博发布厅"等由政府新闻

部门开办的城市话语窗口代表着微博正式成为政府信息宣传的重要阵地，旨在政务公开、加强服务、贴近百姓，所发布内容多为全国或本地新闻、政策解读等，在五年时间中这类微博逐渐加强了内容的时效性、互动性，在诸如"北京金水桥被撞"事件及"上海地铁事件"中表现突出，快速回应民情、给出权威释疑，逐渐在公共事务领域奠定了领袖地位。

第三，企业官方微博。企业官方微博是官方微博中比较活跃的一些。企业为了能够在互联网平台直接与消费者对话，使消费者对于品牌的反馈更快捷、更方便而开通的微博。多数企业的官方微博主要承担发布企业信息、产品信息接驳到企业官方网站等职能。少数企业的官方微博与品牌消费者产生良好的互动，还承担了渠道、销售、售后、咨询、CRM 等职能。

第四，其他组织的官方微博。如 NGO 组织、教育机构等，也纷纷在微博平台建立官方账号，成为其组织成员内部信息流通以及组织对外整体形象包装、信息发布等的重要平台，也成为将关注转接到其相关官方网页、活动网页的信息渡口。

2. 名人微博：指加 V 的微博，特指能对应到某一个名人的账号。此类微博舆论领袖信息内容多涉及社会新闻、焦点事件等，倾向于给出评论，并由于其明确的个人人格特征拥有较多忠实的粉丝而具有天然的影响力。分类及描述如下：

第一，传统媒体记者微博。此类微博舆论领袖因其职业属性、所属媒体标签，无论在社会性事件中还是在商业性事件中的意见表达对公众的引导力量都比较强大。尽管许多记者微博都有免责条款"个人观点不代表所属媒体意见"，但其信息渠道的广泛性和特殊性使他们在社会公共事件及企业危机事件中，通常发挥着重要作用。

第二，明星微博。主要指演艺界明星。"追星"效应在线上的表现之一就是粉丝的无条件热爱导致其对博主观点的完全支持。明星微博内容多为个人生活、朋友互动、公益类救助类信息转发。较少涉及有冲突性、有争议性的社会话题，或在事件中以转发为主，无"意见"生成但表达意见倾向。明星微博一旦卷入社会事件、企业危机事件，其粉丝将爆发出较大的传播能量。

第三，知识分子微博。特指那些具有较高文化教育背景、并在相关领域有较突出成绩、在微博平台的内容表达中形成个性化风格的人。知识分子微博内容通常涉及广泛，与自身行业相关、社会事件的评论、生活感悟、娱乐类信息。而在舆论危机事件爆发中，多会主动卷入并明确个人观点，与受众有良好的互动交流，对于舆论波峰的形成有较强的助推力，并因其明确的意见表达能够在一定程度上引导话题方向及聚集相同意见受众。

3. 草根微博：指的是那些没有加 V 的大众化的用户。特指一类比较具有代表性的草根账号。

第一，娱乐/休闲/生活类微博。此类微博不以个人名义注册，内容多为迎合受众信息消费的娱乐性、趣味性或生活类信息的需求。通常拥有大量粉丝，信息内容具有普适性，转发量大，而评论较少。此类微博较少涉及舆论事件，或以调侃内容做趣味性处理。

第二，公共事件所涉人物的草根微博。在焦点舆论事件中的真实人物，特别是弱势个体，以寻求舆论支持或实际帮助为主要诉求开设个人账户。通常会在事件时间段内获得大量关注，发布内容主要与事件相关，在特定事件中成为重要的舆论领袖，并通常获得大量的舆论支持。如江西拆迁案中的"钟如九"微博开通，是公共事件微博维权开通的第一个微博。此后微博维权草根微博层出不穷。

第三，其他类型草根微博。除此之外，草根舆论领袖中还有一类以个人特征明显，逐渐卷入较多关注的，个人小说连载、个人生活摄影、美食、秀服装等。此类微博的影响力有限，"领袖"能力较前两类稍弱。但是，其内容的生活、消费特征具有较大的品牌植入和品牌舆论领袖培养发展空间。

二　微博舆论中的舆论领袖作用特点

受众在网络对话过程中的快速聚合、快速分离，诞生了一批网络中的活跃人物，他们分别代表着不同社群的基本意见和态度，获得网民的认可，并聚集了成千上万的粉丝，他们的意见甚至可能在很短时间内形成网络热点。即产生网络舆论领袖。在上文所述三个类别中官方舆论领袖主要移植其线下影响力，草根舆论领袖的产生则有相对差异较大的表现方式。草根舆论领袖的表现特征是大多"隐姓埋名"，以草根代言人出现。通常的网络舆论领袖则直接站到前台公布姓名，让社会公众认识自己，直接策划、推动或参与各种形式的交流与对话，以"显性化"姿态引起关注、产生影响力，与传统媒体分割话语权。在微博舆论的形成中，与传统媒体环境下的舆论领袖作用方式不同之处如下：

（一）以舆论领袖的内容生成为舆情爆炸点

内容生产是每个媒介平台生存的基础。用户生成内容（UGC）的普及，是 Web 2.0 的重要特征之一。在微博平台，用户每发出一条微博即被认为是一次用户的内容生产过程。在这个生产过程中，舆论领袖作为多级传播中的一个环节，可以不表达"评论意见"而完成内容产生。因此，对于内容而言，是否经过了"舆论领袖"的"转发"，决定了可聚合的意见的规模及舆论的走向。

微博的信息扩散力来自其"二级转发"机制。而在热点事件中，信息量的"爆炸"通常来自信息流动中的"关键节点"，即舆论领袖的"信息生成"行为，这样的"信息生成"行为通常为关键信息的生成或对原始信息的转发评论。在"小悦悦"事件中，带来最大传播总量的是来自《南方都市报》的一篇微博，微博内容第一时间报道了小悦悦去世的消息，立即引发了爆炸式的二级传播。最终形成 6 万余次的转发和 1.5 万余次的评论，并在此期间粉丝数目进一步增长。

社交媒体平台，用户 UGC 内容的生成是形成单次传播活动的原点，平台流动内容的品质、获得的用户转发分享规模也正是社交媒体平台用户黏着度的重要来源之一，也是社交媒体平台良性运转的根本。微博平台，以其草根性成就了自媒体特征，为每一个用户的信息传播"赋权"。也因此，即使并非拥有百万粉丝的普通微博用户，也有可能因其内容生成而成为海量传播的原点，使大量受众因接收内容而选择关注、订阅信息、参与传播。从而拥有舆论领袖特征。焦点舆情的形成需要爆发性的话题、一定规模卷入的受众两个基本条件，因此能够成功设置议程，引发焦点舆情的内容可大致分为四类：

1. 权威性内容

一般是指舆论焦点话题中，权威机构、媒体等发布相关的内容。由于在当前中国的新闻管理领域，传统媒体在新闻事件的采访、最新信息的获取渠道都有明显的优势，而受众也将对主流媒体的线下印象移植到对其官方微博账户的线上信息中，延续了对其内容的权威性的认同。因此，传统媒体在新闻内容制作上的优势从线下延伸到线上，也借力线下媒体影响力使其线上官方媒体账户拥有天生的议程设置和舆论领袖"基因"。在许多焦点事件的舆论形成中，话题的推进、演变都与传统媒体的微博官方账户信息发布紧密相关。如在"广州佛山小悦悦"事件中，带来最大传播总量的是来自《南方都市报》的一篇微博，其影响力就是借助传统媒体的优势。除权威信息的发布外，"权威观点"的发布同样是直接形成意见主导的方式。《人民日报》微博在 2012 年 7 月上线，在北京水灾引发的城市管理等舆论热潮中，言辞犀利地输出观点，半年时间迅速拥有了 420 万高质量粉丝，其内容扎根网络热点、民生事件、敏感话题而从不缺席，使之被视为打通民间舆论场和官方舆论场的诚意之举。新闻评论是新闻的重要组成部分，评论解读即意见的输出，在了解受众、获得受众支持的基础上，具有更强新闻敏感性、分析能力和文字组织能力的传统媒体才能成为网络舆论引导中的领袖。

2. 公众议程内容

在我国经济社会发展的重要转型期，不同领域的各种矛盾逐渐浮出水面，微博平台的开放是我国信息开放的主要体现，而同时也是经济、社会、民生的一些焦点问题拥有了发声、扩散、获得关注的渠道。如救助拐卖儿童、医疗改革、公益活动、反贪反腐甚至外交军情等，这类话题与主流价值观紧密相连，具有普适性，关注弱势群体、关注时政，在公众心目中有较为稳定的价值基础，既具有时代性，如农村城镇医改，又具有历史性，如贪污腐败。因此，涉及此类话题的内容极易引起公众关注"围观"热议。正如微博平台被赋予了"微博反腐"的特殊职能，因官员或官员亲属在微博发布照片引起网友关注、信息收集最终引起纪检机关关注的案例屡有发生。2012 年最为著名的即"陕西表叔事件"，2012 年 8 月 26 日，微博上出现了一张陕西省安检局局长带着价值 3.5 万元的名表微笑出现在某重大车祸现场的照片，微笑和名表瞬间激怒了网友，在"人肉搜索"挖掘出 11 块名表后，纪检机关介入调查，最终，"表叔"因此落马。事件中，最初发布信息的网友获得了大量转发，之后挖掘到表叔五块手表的用户"@花总丢了金箍棒"和在微博鉴定手表的某奢侈品网首席运营官孙多菲，均因其内容涉及这一敏感公众议程而引起网友疯狂转发，其内容发布很大程度上使受众对表叔事件的关注度增加，并激发了受众的反贪热情。

3. 独特话题性内容

这一类内容是指尽管微博内容并非公众关心话题，亦非涉及已经产生的热点事件，然而特定的内容仍然可以引起一定程度的公众关注和主动传播，同样具有酝酿形成舆论热点的能力。2013年年初，一个微博账号@学习粉丝团因其发布内容的话题性引起了广泛关注。该账号成立自2012年11月21日，在短短两个月间积累了超过百万粉丝，每一条微博都能获得上百的转发及评论量。这样的传播效果均来自于其内容的设计，以图片的方式记录十八大刚刚当选为中国共产党总书记的习近平同志的生活，并称其为"习大大"。图片不仅涉及其走访各地的新闻，也有生活主题的照片等，引发网友关注继而引起了《人民日报》等主流媒体的关注。不同以往的领导人新闻的选材、口语化的文案、博主普通人的草根身份，一度使其成为春节期间的热点话题，甚至受到了外媒的关注，被认为是中国领导人形象建设的全新风向标。在受到关注的同时，@学习粉丝团也受到各方压力，其萌生退意的微博获得13900人的转发和9000余人表达挽留的评论。这一事件引发了大量的讨论，不仅因其涉及的领导人新闻的播报方式前所未有。中山大学传播与设计学院副院长张志安认为，该微博的运营"对于主流媒体，对于政务微博都很有启发"，微博内容具有去神秘化的色彩，将习近平的家庭生活和办公室环境一一展现在网友面前，即使从新闻的角度看，也具有非常大的价值。从新闻的供需关系来看，正是由于领导人的个人生活细节在传统的新闻报道中的空白，使之成为受众的隐性信息需求点，而博主通过其草根身份不受新闻制作流程的限制，通过照片等信息收集用"草根化"的文本填补了受众的需求空白，因此短时间内得到关注并获得转发支持。除此之外，其强调自身草根属性，自动"站队"到"草根意见领袖"阵营中，以草根特征来进行官方形象和主流价值观的传播，实现了草根微博舆论领袖通过对内容的设计，通过草根的身份和表达加强了受众对领导人形象的认可，实现了对重点话题的传播方向的把控，更为组织或个人在微博平台如何通过了解受众来进行信息传播设计提供了有益借鉴。

4. 商业活动内容

自2010年微博元年起，当微博成为拥有最大受众的信息传播平台后，如何利用微博平台进行企业的品牌营销活动即成为被持续讨论的话题。微博的传播能力是一把双刃剑，企业和组织既希望通过其内容经营能借力微博的爆炸式传播力扩散品牌信息，同时又惧怕平静的水面下设计品牌的小小话题会在微博的扩散之下瞬间演变成不可估量的品牌危机。在这个 UGC 内容为王的平台上，商业活动的内容设计也不断形成着热点，引发人们的关注。2011 年夏天北京的一场大雨捧红了"到北京来看海"的调侃，也同时让一个企业账号"杜蕾斯官方微博"走进了更多人的视野。① 这一次内容营销，除使品牌形象更广泛传播外，更使杜蕾斯成为两性关系这一小众话题中的舆论领袖。

（二）舆论领袖从聚合"意见"到聚合"行为"

舆论即公众的意见形成，指一定规模的群体意见的形成，而意见使行动的主导即意识形态影响行动决策。因此，对于舆论理解的重要性之一，即在于舆论形成中所酝酿的潜在行为的群体化。在第二次媒介革命之前，从意见到行动的聚合，舆论领袖是广场式的发言人，通过意见聚合受众、启蒙新思想、招募意见跟随者，继而组织动员群体行动。广场式的传播关系是单向的，受众与舆论领袖的关系为跟随。第二次传播革命和第三次传播革命，使传播脱离原始的人际状态，转而成为以物（纸、电波、电缆）为媒介承载信息进行传播。在这样的传播过程中，舆论领袖除继承广场式传播特征外，报纸编辑、电视编辑则成为抽象的舆论领袖，他们将大量的信息过滤删减，组织成内容呈现给受众。而受众之间、受众与舆论领袖之间无互动，则意味着即使信息量倍增于口语时代，但增加的信息量都是经过意见组织者过滤的信息，即受众与舆论领袖之间的关系是可选择的被动跟随，同时意见可形成广泛传播，但难以形成基于媒介的聚合。当信息技术发展到电子信息时代，微博平台上，受众的信息选择不再只是几十个电视频道、若干家报纸，而是来自于数亿的接入平台的用户。在这个平台上，每个细分话题都能形成意见聚集人群，每个用户都能成为某一话题的舆论领袖。对舆论领袖的选择和跟随在对话中形成，在海量信息的订阅分析后形成，并随着时间和事件的推进，用户会在不同舆论领袖中进行主动切换，选择跟随或选择离开其影响范围。因此，微博的用户与舆论领袖的关系为有实效性的主动选择，这样的互动关系使形成聚合意见的时间缩短，跟随用户之间能够

---

① 程士安：《微博粉丝行为解读》，《中欧商业评论》2011 年第 11 期。

产生互动，可以即时产生下一级舆论领袖，因此一旦形成领袖关系，就会带来空前的行动力。

2011年被视为社交媒体带来的政府管理的冬天，阿拉伯之春、伦敦之夏、华尔街之秋、俄罗斯之冬，都是发起自社交媒体 Facebook 或 Twitter 的舆论热点，在互动对话聚合了大量意见之后，广场效应得以显现，舆论中的领袖振臂一呼，线上的意见聚集则瞬间转化为线下的群体组织行为，而线上传播总量的不可控则导致线下群体行为的规模比社交网络时代到来之前倍增，给真实社会的公共管理带来猛烈冲击。

在中国的微博之路上，2010年11月15日的上海住宅大火后微博网友倡议在头七组织献花，网友王小塞和夏商则在微博上号召公众参与、免费代外地朋友献花，上海小说家夏商的代献花微博最终获得超过1万的转发要求代为献花。而这场发起于网络的献花，最终在现场形成数十万市民安静有序的排队献花场面，也成为微博组织动员的知名案例。

微博平台的意见聚合到行动聚合，通常具有转化速度快、形成规模大、即时性强、倡导行为的舆论领袖明确等特点，也因此在这一平台上，舆论领袖有较大概率，向行动领袖转移特别是在舆论焦点事件中，行动诉求的意见表达往往将快速演变成现实中的行为表达。

第四章　微博舆论领袖影响力的
传播学解读

（以下章节以新浪微博为例）

当互联网平台使每一个用户都能够将接入端的屏幕上自我生成的文字通过网站服务器向全球互联网用户发送，即已在整体舆论空间中形成了两个有着较为清晰边界的舆论场域。在微博出现之前，BBS、博客、社交媒体平台等是民间舆论场的主要支撑力量，议程与主流舆论场有较大差异，偶有呼应但几乎没有议程上的互动。微博的出现，将两个舆论场的差异和对抗推到顶峰，并在微博平台的快速发展中，明确了两个舆论场的特点并随之加速了两者间的碰撞，也为两者带来了对话的空间和机制。即在产生碰撞的同时，也逐渐带来了两个舆论场的议程互动。换言之，民间舆论场在对主流舆论场带来冲击的同时，也建立了一定的与主流舆论场互动的通道基础。而冲突与共存，正是以微博为代表的社交媒体平台特征在舆论形成中的特殊作用的体现。本章将从微博传播机制出发，试图对平台上舆论领袖的传播影响力、舆论影响力进行解析。数字媒体技术机制不断变化，社会环境对舆论的宏观影响也在不断变化中，因此对当下全媒体环境中舆论领袖演变的传播学剖析尚难给出准确全面的结论。本书仅就微博平台的舆论领袖影响力的学理解读进行初步探索。

第一节　从传播机制简析微博舆论
领袖的聚合和扩散能力

一　以认同为基础的主动订阅机制

据《中国青年报》8月27日的一篇文章统计，2012年8月24日晚上，草根网友"作业本"重返新浪微博，第一个帖子"想跟300万人拥抱"，在一天时间内转发23.8万，评论14.9万，其粉丝从停博前的292万，暴增至330万。微博平台的粉丝与被关注的关系是基于主动选择订阅机制的。在詹森的粉丝心理机制分析中，她认为成为粉丝是基于自主缺失、社群缺失、不完整的身份、权力和认可的缺乏。① 尽管詹森的粉丝分析基于对明星追星族的分析，但是共同点是在点击了"关注"的同时，使用户完成了一次自我认知，是对被关注者所构建的形象的认同。而关注之后，在微博平台即可收到来自被关注者的即时信息传递。如果说真实世界中的追星是一种文化形态的消费的话，那么微博平台的订阅机制即是典型的信息消费，而弗里德曼认为因果世界的消费都应该被称为认同消费，② 那么将信息的主动消费理解为主动选择和主动阅读则在信息消费中亦有其认同的特征。从传播效果的角度而言，人们对信息的消费，经历了了解、认知、形成观点、指导行动，而认同则是从认知到形成观点中间的过程。当完成认同，选择了以认同为基础的"成为粉丝"，则意味着被关注者对粉丝的观点形成产生了影响，即被订阅者的意见传播将较为有效地到达其粉丝群体中，并因其主动成为粉丝使他们从了解到认知过程所需的时间和从认同到参与进一步传播所需的时间，以及从形成观点到可能采取的响应行动所需的时间减少，从而提高了传播的效率，提升了传播效果。

二　舆论领袖"拥有粉丝""成为粉丝"的双重身份

社交媒体平台的交叉网络赋予了每个人多重身份，使一个个体可以是某贴吧中的明星粉丝，同时又是豆瓣一个兴趣小组组长，也可能兼人人网某个班级群的群主，此外还参与了求职QQ群。这样的复杂身份使信息可以跨越平台流动，在A平台获得的信息可以通过B平台的领袖身份在B平台实现有效传播。这样由数以亿计的单位个体在不同的物理网络空间中携带大量信息穿梭游走，则整个网络空间由海量个体、多个不同网络结构、海量信息共同形成了复杂系统。而携带信息在复杂系统中穿梭时，时间的消耗、跨平台的信息损耗都使得传播效率有所降低。

---

① 陶东风：《粉丝文化读本》，北京大学出版社2009年版，第17页。

② 乔纳森·弗里德曼：《文化认同与全球化进程》，郭建如译，商务印书馆2003年版。

微博平台的"拥有粉丝""成为粉丝"的双重身份机制在一定程度上避免了传播效率的降低。微博的粉丝机制基于"认同"心理，而在每一个用户选择若干关注者的同时，也有其他的用户基于同样的认同心理对其选择关注，这就使得对每一个单一个体而言，在微博平台上的个人系统是一个相对简单的传播系统（见图4—1）。

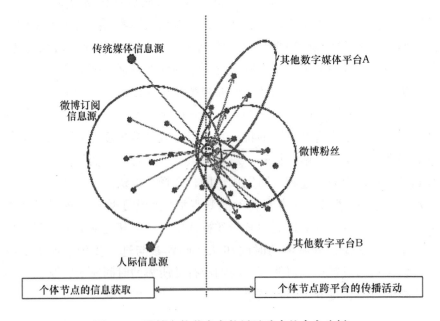

图4—1　微博个体节点在传播活动中的中介分析

在中间这个观察节点上，针对每一条到达的信息不需要跨平台即可完成一键的信息分享。而同时，微博的媒体属性使其对其上的信息使用者没有物理的边界限制，如贴吧的不同吧和豆瓣的不同小组，因此信息可以同时到达出于不同原因选择关注的粉丝中。因而在最基础的微博功能下，每个用户只需要面对两个群体，一个是订阅关注的群体，一个是自己的粉丝群，在这样简化的系统中信息处理的简单性使信息进入二级传播的概率极大增加。当每一个节点的二级传播概率增加，那么针对观察节点而言，即时使普通草根用户加大了成为舆论领袖引发爆炸式传播的能量和概率。

三　智能手机、移动网络、LBS 等技术支持以及微博"短平快"特征与小屏幕、碎片化时间的匹配

虚拟网络是真实社会的映射。人的网络行为在一定程度上受其真实社会活动影响,同时人的网络行为也对其真实的社会活动产生反馈。这种影响一方面体现在信息内容的订阅上与真实社会中的喜恶相关,网络形象的构建往往与其真实人格相符,或是真实人格的某方面弥补;另一方面则体现在媒介形态对人的行为的影响。人类社会进入信息化以来,海量信息冲击着每一个涉及网络的个体,每个人从面对电视一块屏幕变为电视、电脑、手机三块屏幕。移动网络使互联网信息不再是固定在房间电脑前的使用方式了,随时随地接入互联网的同时也意味着随时接收海量的信息,而被信息冲击的不仅是眼睛还有关注力。关注力的碎片化即个体集中持续获取信息的能力减弱与现代化生活工作压力相关,亦与海量信息相应带来的信息快餐文化相关。快节奏的生活使每个人自由使用互联网进行自主信息消费的时间减少并碎片化,吃饭时间、乘车时间、等待时间、睡前时间成了主要的关注力空闲时间。智能手机和移动网络的普及将人们的关注力空闲时间从书本报纸拉向了互联网,网络信息的多样性、便携性、智能手机的娱乐性等都使得碎片化的关注力在碎片化的时间里被网络和手机捆绑。微博的 140 字简短信息的获取可以即时开始、即时停下而不影响阅读体验,顺应碎片化时间和手机的小屏幕信息显示,带有图片、视频等发布功能,满足用户社交媒体功能需求。在移动网络和 LBS 的支持下,随时随地拍摄的内容可以瞬间分享到网络,加强了信息的即时性,使用户体会到即时互动的乐趣。同时,也正是移动网络、LBS 等技术能改变每一个体的行为,如在微博的号召下拍乞讨儿童、在微博的号召下去献花。麦克卢汉曾说,媒介即人的延伸。媒介延展了人的视觉、听觉,在移动互联网和微博传播能力的共同作用下,媒介还将左右人的行为,成为人行动的主导因素。

第二节　从传播规律简析微博舆论领袖影响力裂变

一　订阅机制信息源带来的"意见环境"的筛选

在传统媒体环境下,意见环境的形成与媒介的议程设置紧密相关。媒介信息的生产主导了民间舆论场中的议程方向,在信息传播中处于明

显的优势地位，其意见表达成为"优势意见"。普通大众暴露在传统媒体信息之中，因缺乏聚合和对话的平台，在沉默的螺旋效应之下，源于认知失调和对被孤立的恐惧则倾向于选择压抑不同意见，顺从"优势意见"。微博平台的出现打破了这一局面，不仅影响受众的信息渠道增加，同时为各种小众的"意见群体"营造了聚合的平台。根据选择性接触的心理基础，舆论领袖通常与受其影响的人有着相似的价值观和处世态度。微博受众通过主动选择订阅的信息源，即选择订阅了特定的意见气候，与信息源、其他粉丝受众、自身粉丝受众形成信息茧房。认同的信息在信息茧房的互动中不断加强意见的一致性，而选择性忽视不同的声音。微博平台给了每一种声音平等的发声权利，同时也赋予了每个人"布置"自己所处的意见气候的权利，在信息极大开放的同时，允许每个人走进某个无形封闭的信息茧房，摆脱认知失调和被孤立的恐惧，使小众声音也呈现正向螺旋上升的传播效果。传统舆论领袖是在话题预设或讨论中通过表达产生。而微博信息源的选择机制，有两方面作用：扩大了卷入认同的受众比例；为原与受众不相干的话题预设心理基础。

（一）订阅机制下的"舆论环境"

认同带来的聚合能力是极大的，认同也会加速群体的极化，使群体忽视个体的意见表现为快速的一致化。认同的心理使信息接收者可见的信息环境与宏观媒介环境产生距离，而宏观的媒介环境本身与试图呈现的客观真实之间存在距离，同时受众在自我选择信息环境中将信息内化为主观环境的过程也存在主观解读的异化，因此经历了客观真实、媒介真实、受众筛选后的媒介真实才形成的受众主观真实过程中产生的偏差被放大，而这种放大与受众的主动选择紧密相关。在经典舆论领袖理论中，相比媒介信息，受众更易信任承担人际传播角色的舆论领袖的意见引导，那么在微博平台中，受众主动选择的每一个信息源既是呈现意见气候的媒介信息本身，又体现了被认同的意见引导能力，因此使舆论领袖拥有了为粉丝营造意见气候的能力。聚集更多相似意见并将意见形成特定共识，成为微博舆论领袖随着传播活动不断扩散观点后同时带来的意见气候的扩散。

（二）信息流与影响流的对立与统一

卡茨在进行舆论领袖（Opinion Leader）的理论研究中，为了明确舆论领袖的二级传播作用，曾将信息与受众的关系分为信息流和影响流，其中信息流直接从媒介流向受众，而影响流经过舆论领袖再流向受众。微博平台信息流和影响流都产生了独特的变化。在微博平台，传者与受众的统一使信息流按照节点与节点间的连线顺序通过从被订阅者到粉丝的过程，信息的流动带来传播的扩散。影响流带来的效果之一即产生订阅行为。此外，微博平台平等的发声权利使每个人都有可能在互动和对话中带来对舆论领袖的有效反馈，形成影响流的回流。同时，舆论领袖之间互动的产生则将带来影响流的冲击，若意见一致则使影响流会聚，若意见相左则在冲突中产生影响流的旋涡导致舆情复杂化。信息流和影响流在微博平台都将沿用户之间的连接线传递，而互动性使每一个连接线都可以双向传导信息和影响力。因此信息流和影响流既呈现出扩散和聚合的差异，也体现出传递渠道的一致性。

（三）微博舆论领袖的功能扩展

经典理论中舆论领袖的功能主要表现为对信息的加工过滤，微博平台赋予舆论领袖更多新的特质：

1. 信息的过滤和扩散

转发即可带来传播效果，无意见表达也可聚合相同倾向的人群。在此过程中，舆论领袖的功能即体现为对经过节点的每一条信息进行过滤判断，允许通过节点即代表通过"转发"按钮使信息进入二级传播渠道。

2. 信息的加工和引导

与经典理论相同，对于收到的信息，舆论领袖加入个人经验和主观倾向的解读，使某一信息内容在原有基础上产生变化，并将这种变化加注到受众身上，影响和引导受众进行信息解读内化。

3. 信息的协调与干扰

信息时代，每一个普通受众接收到的信息倍增，对舆论领袖而言，通常其信息渠道的优势使其获得充分信息的能力更强。采纳多方信息并对其进行梳理分析，然后将综合后的信息呈现给受众，综合后的信息环境，即梳理粉丝对受众的影响可视为对信息的协调／干扰作用。

4. 信息的设置与聚合

微博平台不仅是信息传播的平台，也是大量信息生产的平台。作为舆论领袖不再只是信息从媒介到公众的中间环节，而可以成为媒介本身，从议程设置到施加其个人影响，利用订阅信息的粉丝群形成传播效应聚合关注度，完成影响力的扩散。

二　信息跨界传播：不同领域舆论领袖的链接

在社交媒体时代到来前，个体人际网络的边界清晰，规模较小，六度传播理论是理想的人际关系描述，而微博等社交媒体平台使之成为每一个体可感知的现实。个体间传播的通道清晰，因此，原先并不直接相连的既有舆论领袖也会因微博简单而直接的订阅机制、私信机制、转发机制的存在形成直接连接。除较明显的公共性话题包容度较大外，在微博之前的网络时代中，不同专业领域、兴趣领域的舆论领袖多存在于边界明确的网络论坛和兴趣小组中，明晰的边界成为信息跨界传播的阻隔。而微博平台既是按照兴趣和认同聚合人群的社交媒体平台，同时也是信息生产活跃、信息极大丰富的媒体平台，模糊的群体边界、媒体性和社交性的双重属性，使不同领域的舆论领袖可以关注到舆论事件中的彼此，并产生直接的连接。

信息的"跨界"传播，使舆论领袖影响力叠加的速度加快。而在信息时效性最强的传播的黄金时间内，卷入的舆论领袖叠加的程度越高，则整体传播形态越接近"裂变"的特征，越快引发舆论的热点。

三　微博舆论领袖带来人群行动的聚集

2011 年世界范围内的春夏秋冬运动，2012 年全国范围内多发的抗日游行集会，都是微博社会动员能量的极端体现。微博使信息的传播呈现极大的时效性、变异性和扩散性，这些属性对于社会动员都成为必然动力。

（一）更多元的人群聚合

在 BBS、网络论坛等互联网 Web 2.0 平台上，实现了跨时空的人群的聚合，用户按照某种一致性兴趣或个人群体特征（如班级、行业等）携带信息穿梭于不同的群体组织中，信息以个体的跨界身份转换为载体完成扩散和聚合关注。微博在 Web 2.0 平台按群体一致性表达聚合意见、信息的基础上，形成了以信息本身为出发点聚合海量受众的反转。微博平台没有网络的边界，在数亿用户自然形成的巨大网络中，每一个人的网络都是其中的某一重叠部分。信息无阻碍地在用户网络中传播，使关注的人群实时地按需自然卷入。在卷入的过程中，来自于 N 个群体

的单一个体因卷入传播第 N + 1 维度上的信息，即时地组成了群体 N +
1，这样的群体聚合具有瞬时性和爆发力，瞬时产生、临时存在、很快
消散，但同时即时聚合的人群具有较强的一致度和执行力，在线下条件
的配合下，极易产生较强一致度的线下行为。

（二）人群聚合的长尾效应

长尾理论源于对商业和文化的讨论，即非主流需求的若干细分市场
的需求总和远超过单一主流市场规模。在微博平台，长尾效应体现为话
题的长尾效应和卷入圈子的长尾效应。

1. 话题长尾效应

在公共舆论事件的发展中，舆情的呈现并非单一的话题，而是在某
一议程下演变出的大量分支话题共同形成的。在微博的传播中，单一个
体都能对信息进行加工转发，其中引发的话题分支、异化较大。而每一
次话题的异化都将带来某一纬度的新的关注人群，如在广州佛山小悦悦
案例中，舆论异化中小众舆论领袖产生的话题"父母监管责任"和
"对比南京彭宇案"并非事件主流话题，但在事件的推进中，不断卷入
了对这两个方面关注的用户，最终会聚为事件末期的"社会反思"舆
论热点的组成要素。在传播中话题发生异化，若干长尾话题带来的关注
也将会聚为新的舆论热点。

2. 卷入圈子的长尾效应

微博平台的基础运营中，圈子、群体并非直接可见的因素。但实际
中每个人都处于不同的组织和群体影响下，真实社会中多样化的人际圈
（如同事圈、同学圈）、不同网络平台的群体（如人人网班级、豆瓣小
组等）。每个卷入话题的个体背后都存在着复杂的圈子，而通过个体，
信息可以从微博流入任何一个圈子。这就意味着除了明确可见的粉丝群
体外，每一个单一用户都是长尾圈子的拥有者，都能带来信息跨平台的
传播。当无数个携带圈子的用户共同参与了信息的传播，则产生了用户
携带圈子卷入话题的效应，使微博平台的舆论热点实现跨平台爆炸式
传播。

第三节　微博舆论领袖的影响力因素、特征

与传统媒体舆论领袖形态相比，微博舆论领袖继承了部分影响力

来源形态，如对在信息获取中的优势地位、权威性的信息解读能力等，但与此同时因微博平台独特的传播特征而在原有内涵基础上有较大的延展。将微博平台舆论领袖的群体特征及其表达的传播学意义梳理如下：

一 掌握信息渠道

微博平台 UGC 的生产是信息传播的源头，人人平等的信息生产权限使得原单一传统媒体环境下的"信息渠道"被拓展。信息是随着人类社会每天的运转不断产生的，新闻是其中的一部分。在传统媒体时代，新闻线索、新闻渠道几乎是媒体信息渠道的全部，而对于微博平台而言，信息更大程度被还原为社会信息本身。每一个单一个体接触到的周围事物的信息、所思所想都成为微博平台信息的重要组成部分。当"新闻媒体"的定位不再准确，微博平台更接近"信息媒介"。因此，在这样的信息极度繁复冗杂的微博平台，怎样的信息渠道才能使信息呈现出突出的影响力呢？在微博被扩展的信息空间中，可能引发热点的事件不再仅对持有记者证的传统媒体记者开放信息获取路径，而是对每一个事件的接触者、亲历者开放，自身即渠道，而通常来自事件现场的信息对公众而言更有说服力。每一个社会个体都具有其独特性，其所携带的信息渠道亦然，因此微博平台的信息渠道呈现更大的开放度，使每个个体都具备了因信息渠道的独特性而成为舆论领袖的可能。

二 解析信息能力

信息的综合能力和解析能力是传统媒体影响力的重要来源。换言之，以内容为核心的媒介平台上，简单地呈现信息不能满足受众的信息需求，当信息获取的渠道越来越丰富，受众主动选择信息的能力越来越强，则对信息的高层次需求更为凸显，即对信息的综合解读分析能力，特别是对于普适性的、公众利益相关的话题。微博在其对话和主动选择的机制下，让每一种类型的信息都能够相应地聚合到相关人群，故而在任何一个细分的专业领域都能够有产生专家意见的机会。同时，专家的意见不再是经过媒体邀请、议程设置后的信息解读，而是可以由"专家"本身主导议程的信息分析解读。细分领域更多，内容限制更小，同时专家身份和草根身份的兼备缩短了与受众之间的距离，因此微博涌现了更多细分领域的专家型舆论领袖，如医疗卫生领域的协和系列@急诊科女超人于莺 @协和章蓉娅，又如以新闻事件调研见长被称为中国民间调查团骨干的调研记者@王克勤。信息的解读能力，在内容为王的微博平台，依然是成为舆论领袖的重要途径。

三　明确的用户特征

大众在对媒介信息进行处理时，对人际传播领域信任度的依赖始终更强，这也正是在经典舆论领袖理论中对舆论领袖在人际传播中的二级传播影响力的来源之一。媒介等同效应体现为受众会潜在地像对待人一样对待媒介，这也正是互动型媒介更受欢迎的原因之一，它不仅达成了人与人之间的互动，也因其呈现的人格化使受众更易卷入。

微博平台上，无论组织或个人都以"用户"的形象出现，而对于绝大多数的个人用户而言，在与微博平台的组织账号进行传播活动时都必然倾向于将其拟人化。同时，个性化、特征化的表达也顺应了网络文化追求多元和表达自我的趋势。

如《人民日报》官方微博，在微博平台其主要的内容生成并非是对党报实体报刊新闻的再度传播。而是主动淡化"党报"话语风格，以更平实、更草根的话语体系来介入微博话题之中，成为话题制造者，受众引导者。以草根化的人格形象更好地实践了主流媒体传播主流价值观的社会职能。

因此，特征化的表达标签般地使信息在众多表达中脱颖而出，受到关注。如打造清新小资表达风格的@新周刊，其语言风格为订阅的读者群量身定制，如在小悦悦去世的信息生成中，没有选用新闻图片，而是选择了一幅鹰翔蓝天图（如图4—2所示），辅以简单的一句话陈述与其一贯风格一致。获得了23115次的转发和6641次的评论量，在所有观察的515个媒体相关账号中排名第二，仅次于第一时间播报消息的《南方都市报》。

个性化的语言是鲜明的用户特征的一个方面。此外，用户特征还表现在特殊领域的关注，如@学习粉丝团，因其关注国家领导人的信息，发布平易近人的非新闻类领导图片，与我国一贯的报道领导人的形式大不相同，因其关注领域的特殊在2013年年初引起网络舆论关注。用户

图4—2 小悦悦去世事件《新周刊》微博表达

身份的独特性、表达的独特性、关注议程的独特性等，是在微博平台引发热点、形成影响力的成因之一，同时也是使舆论领袖影响力稳定的重要保障。

四 公共利益相关性

微博平台的影响力随传播活动扩散，也随传播活动聚合关注，基于认同的订阅带来信息的一级有效传播，而基于对订阅信息的二级转发才是形成舆论领袖能力的爆发式传播的引爆点。因此，信息能够被逐级粉丝判断为"可传播"是形成影响力的关键，除了趣味性等表象因素外，信息的大众性、公共性成为有力的"可传播"因素。公共性话题具有较强的普适性，且通常是带有时效性的公共利益相关问题，这类问题或尖锐或与每个个体息息相关，易引发受众共鸣使之卷入主动传播过程。在对知识分子的公共性进行讨论时，学者许纪霖曾将其分为对公众讲、出于公众立场、话题关于公共事务。在微博舆论领袖的公共性相关可以借鉴这三个"公共"。微博平台本身是草根平台，用平实的话语使信息更易为公众接受，体现了"面向公众讲"。另外，公共事务通常处于公众和社会管理者之间，在这二者关系中，选择公众立场为出发点，以公众利益为诉求，适宜所有微博用户卷入的话题通常是舆论的焦点，且是舆论领袖作用极易体现之处。总之，稳定的公共性议程特征，使受众的关注力得以逐渐靠拢聚合为内容发布者的影响力。

五　舆论领袖群体的形成及影响力共享

传统媒体时代信息单向传播，这也使得出于媒体与大众之间链接的舆论领袖缺乏与受众的互动平台和与媒介的互动渠道，同时物理距离的限制使其也缺乏与其他舆论领袖互动的中介。而在微博平台用户之间的互动极为简洁，通过@可以将信息直接送达，提醒机制可以提高信息的有效阅读率，因此作为用户的一员，舆论领袖也可以轻易产生与同一议程内的其他舆论领袖的链接，形成互动。同时，正如微博为不同细分需求找到了可聚合的途径，也同时为相同议程的舆论领袖搭建了可聚合的网络，使之可以最少的连接度（联通两者的路径中经过的其他用户数）相连。普通粉丝的二级转发传播使两级粉丝数产生的相乘而非相加的总能量。互动中的舆论领袖一旦形成互相的二级转发，就会通过影响力的增加带来影响力的最大化。

六　微博影响力与现实影响力的互动

微博平台给了每个人在线下媒体环境中所不能获得的信息权利，使每一个人都实际运营着自我媒体。尽管这种自媒体影响力更多地体现了微博的网络特征，但同时每一个自然人处于复杂的社会关系中，其网络行为有现实的因素呈现，而同时也会对社会生活产生反馈。对舆论领袖而言，官方舆论领袖携带着信息的权威性影响力走近微博，专业型草根舆论领袖携带着专业领域知识走近微博，可以说每一个微博舆论领袖的影响力来源都有或多或少的社会背景因素。而同时在微博平台营造的影响力也会对现实社会的影响力产生反馈，如《新周刊》杂志，其网络受众与现实社会受众一致度较高，尽管没有确切的数据表明其良好的微博表现增加了销量、扩大了读者群，但是显而易见的是微博帮助其塑造了品牌形象，扩大了潜在受众关注。无论对于组织还是个人，其线上线下的表达是处于同一个大的媒介环境中，影响力以用户本身为接口在线上和线下进行流动，良好的线上表达会为线下形象带来正面的反馈，同时线下现实表现的不足也会引起网络舆情的危机，这一点对达芬奇家具、味千拉面等遭遇过产品质量危机的许多企业而言并不陌生。微博影响力与现实影响力的互动，促使组织和个人再以此将整体行为和信息表达置于宏观立体的信息环境中进行考量，更好地在与全媒体环境的互动中打造整体影响力。

第四节　微博舆论领袖信息传播路径的可控性与话题的关系

　　舆论领袖是微博搭建的传播网络中的重要节点，通常成为舆论高峰的引爆点。那么对于舆论领袖的观测则成为理解舆论和引导舆论的重要环节，在本书第六章中的舆论领袖监测模型通过对舆论领袖影响力的打分可以看到哪些既有舆论领袖被激活，哪些即时舆论领袖正在酝酿中。除了通过计算机信息处理的方式外，文本的解读话题的设计等都与唤醒舆论领袖、培养舆论领袖紧密相关，而通过对话题与舆论领袖传播路径的相关分析，可以看到如何在微博数以亿计的用户中按照话题寻找到潜在的舆论领袖，对其可能带来舆情高峰进行预判。

一　传播路径可控性与话题的关系

　　通过计算机的网络信息爬虫技术以及按照信息的页面连接，可以通过数据挖掘建模的过程来获得对微博信息转发过程的重建。在重建后的信息传播图中，直线连接的是用户间的转发关系，每一个用户都是一个节点，节点大小代表引发的转发量的大小，从两个案例来看微博平台呈现的舆论热点的话题特征与传播图景中的关键节点间的关系。

　　（一）针对性话题与明星博主匹配程度分析

　　2011 年 4 月 5 日，年轻的硕士白领潘洁的去世引发了"过劳死"这一话题在微博平台的讨论。通过对其传播路径的分析可以清晰地看到在形成舆论的过程中体现的重要节点。[①] 可以从图 4—3 中看到这一话题引发的舆论重要节点前三位分别是《新周刊》、新浪证券和赵晓。其中新周刊的传播量为 900 多，@新浪证券和@赵晓的传播量均为

①　资料来源：webinsight 互联网全景评测机构。

100—200（见图4—3）。

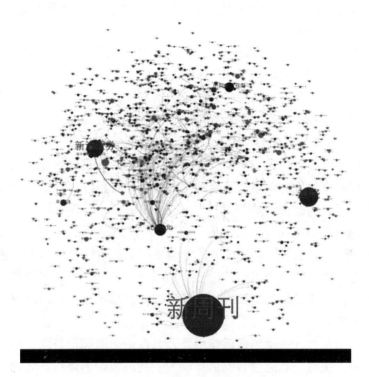

图4—3　过劳死案例传播图

其中，《新周刊》和新浪证券为媒体官方账号，赵晓是北京理工大学管理学教师。从粉丝构成角度，证券类信息受众主要为金融从业人员及中青年企业白领，新周刊受众主要为青年白领，教师赵晓的受众主要为学校师生和学科所涉及的企业从业人员，可以看出三者的共性即白领是与焦点事件"年轻白领过劳死"关键词贴合紧密。在目标受众与话题的相关性极大时，即存在明显的群体针对性时，则使信息在传播过程中的定向传播性更强，使信息在不断的二级传播中向着相关人群密度最大、规模最大的方向推进。正如这个案例，信息从网路普通受众的信息发布后传导到新周刊、新浪证券、赵晓处产生了粉丝规模和相关人群密度都较大的情况，因此带来信息的爆炸也使三个节点因受众一致度成为舆论领袖。

这一案例对微博平台的如下特征有突出呈现：

1. 认同带来的受众主动订阅使受众在某一方面呈现较高的一致性，当关键节点的专业特征明显时，受众按某一维度的聚合现象更为明显，即受众自然壁垒的形成。

2. 当话题的针对性明显时，则在既有舆论领袖中受众吻合程度较高者易成为传播中被唤醒的舆论领袖。换言之，在主动发起的传播中，选择标签或粉丝特征与话题吻合的博主通过@将信息强制送达会增大唤醒相关舆论领袖的概率，能实现一定程度的传播方向控制。

（二）普及性话题与绝对"领袖"程度分析

微博平台的粉丝数量是衡量舆论领袖影响力的重要指标，但也因僵尸粉不同程度的存在使微博平台粉丝群质量良莠不齐，特别是影视明星博主占据了各大微博粉丝榜前十位中的8—9席，而其粉丝构成多来源于传统的追星心理而导致通常在舆论事件的舆论领袖中鲜见明星博主。但对于普适性、公共性的话题，粉丝量的巨大则意味着信息曝光量的巨大，与之对应的是传统媒体传播效果衡量的"到达率"。在公共性议程带来的知沟效应的削弱下，普适性的话题通过粉丝量大的用户节点即意味着将获得最大限度的人群接收，而受众在失去了知识壁垒、兴趣壁垒的限制后大量卷入主动传播活动引发公共性话题的舆论高潮。通常在这种情况中，关键节点通过转发信息成为明确的舆论引爆点，无须个人意见的添加，并非原创内容的生产，去除了意见表达能力的因素后，普适性议程的爆发更多体现了舆论领袖的绝对领袖能力，即稳定的潜在舆论领袖影响力。

以2011年微博话题警方诚品为例，4月9日，微博草根博主@顾昱Lance拍摄了上海某公安局张贴的凡客体宣传画上传微博称上海公安挺有幽默感，一条微博经数次转发后到达了若干知名博主，其中引发传播量爆发的引爆点有二，分别是拥有4028万粉丝的姚晨和拥有3143万粉丝的李开复。警方诚品，这一反映警民关系的普适性话题转发总量随着时间的推进先后经过位列数亿用户中粉丝榜第一位和第五位的姚晨和李开复带来的显著爆炸性特征，如图4—4所示[1]。

---

[1] 资料来源：webinsight互联网全景评测机构。

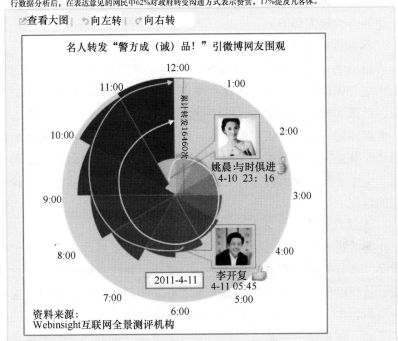

【姚晨赞一次，开复再接力，上海公安也"凡客"】"警方成（诚）品！"一日内转发近两万次，同时期内微博用户对此话题关注度是核辐射的2.5倍；在姚晨"赞"过的所有微博中该条转发率最高。我们抽样500条评论进行数据分析后，在表达意见的网民中62%对政府转变沟通方式表示赞赏，17%提及凡客体。

2011-4-11 18:54 来自新浪躯干|举报   转发（166）|收藏|评论（49）

图4—4 警方诚品传播分析

此类话题呈现的舆论领袖特征有：

1. 普适性话题使所有不同领域舆论领袖都成为潜在可唤醒对象，此时粉丝总量对于舆论领袖来说成为更重要的衡量指标。同时，待观察的舆论领袖数目之众，使有效观测到实际被唤醒舆论领袖的概率相应降低。

2. 普适性话题通常卷入的舆论领袖较多，当舆论领袖群形成，彼此间的互动将进一步放大彼此带来的舆论影响力。

二 话题影响力特征与舆论领袖影响力的关系

当内容本身呈现一定影响力时，与舆论领袖影响力因素的匹配关系则成为寻求传播爆发点或控制舆论走向的关键。

1. 公共性或普适性话题

具有公共利益诉求的话题或受众筛选性较弱的普适性话题，对于舆论领袖的同样筛选度不高，唤醒舆论领袖存在较大的随机性。而选择粉丝规模较大、影响力成因中的覆盖度指数较高的舆论领袖进行信息匹配，则能产生较大影响力。

2. 区域性或群体性话题

话题呈现一定专业性、地域性、兴趣导向性特征时，则传播规模、舆论影响与舆论领袖的标签匹配程度有较大相关。舆论领袖的微博标签相关，活跃度较高，则更易于与粉丝产生对话。在互动中不断加强意见，使群体的一致度、认同度更高，如在南京梧桐事件中，被唤醒的舆论领袖@黄健翔曾长期生活在南京，因其对事件的关注而扩大了舆论的关注、引导了舆论发展的方向，此案例体现了明显的区域性与舆论领袖标签的匹配。

3. 尖锐性或争议性话题

此类话题多体现不同层面、不同程度的社会矛盾，正如文学创作中矛盾是以情节的展开为主要推动力，争议性话题通常带来舆情的起伏和多变，使舆论呈现一波未平一波又起之势。参与此类的话题的舆论领袖或为与话题本身有关的即时舆论领袖或为主动卷入公共事件讨论的既有舆论领袖。在舆情的发展中，易于因舆论领袖的意见引导而带来话题的异化，使舆论呈愈演愈烈之势。此类话题本身蕴含的影响力较大，与社会背景息息相关，而唤醒的舆论领袖通常为公共性较强的知识分子等。

第五章　个案论证：微博舆论领袖影响力解析及模型建立

　　微博舆论领袖的建模基于微博平台传播机制的研究，深化舆论领袖概念在当下舆论环境中的解读，进而挖掘舆论领袖在自然舆论中如何产生、其对舆论关键节点的形成、舆论走势方向的决定性作用如何体现等，最终通过数据挖掘的量化研究方法来对某一类型的事件中的舆论领袖影响力进行科学定义，解构影响力各组成成分，构建测评模型。

　　在微博的舆论事件中，不同类型的事件所卷入的"引爆点"用户并不相同，这与微博平台的社交网络特征相关。具有社交网络特征的微博平台传播网络在传播平台的基础上带有一定程度的真实网络中的信息茧特征，于是基于"选择关注"关系的信息的传播，则不同类型的信息卷入的用户带有一定程度的异质性。为了更加准确地抓取与事件舆论推进相关的影响因子，本书认为，普适性的分析可适用于定性分析，而对于模型构建基于可行性考虑则需要进行对事件以及领袖用户的基本分类。以模型应用目的为区分将舆论事件分为商业事件与公共事件。并将微博平台舆论领袖分为官方舆论领袖、民间舆论领袖及草根舆论领袖三类。

　　网络媒体在事件舆论波生成过程中起着重要作用，但传统媒体依然具有实际影响力。[①] 这是由于在与传统媒体的对比中，微博在时效性、即时互动性上优势明显，并且微博传播没有传统媒体"把关人"角色对内容的层层过滤。但同时传统媒体保有其深入报道的优势。[②]

　　在一般公共事件中，舆论场内三类舆论领袖的自然分工并不相同，

---

①　廖卫民：《上海"11·15"特大火灾舆论波研究》，《当代传播》2011年第1期。

②　陈立敏：《微博与传统媒体关系探微》，《新闻爱好者》2011年第3期。

其发力的舆论空间分布如图5—1所示。

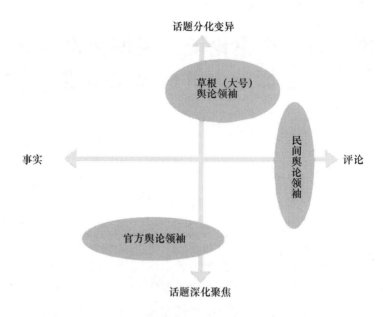

图5—1　舆论领袖在话题版图中的分布

如何解读三个舆论场之间的信息流动、话题覆盖的关系，以及如何帮助主流价值通过三个群体舆论领袖的培养来实现在整体舆论空间中的流动，是本书提出的模型试图解决的问题。

第一节　微博舆论领袖影响力形成的关键因素

影响力是一个较为宽泛的概念，从不同的视角对不同客体进行评价，可以对影响力有不同角度的解读，如品牌影响力是指一个品牌拓展市场、夺取市场份额以及获取利润的能力；国家影响力是指一国在其国家发展战略的指导下，运用其国家实力影响国际格局和事务的能力。而对于舆论领袖，作为传播活动的主体，其影响力的传播学解读则是传播主体能够对舆论方向改变、受众观点和传播行为的形成产生作用的能力。而对影响力该怎样进行评判呢？设立一个评价标准则需要将影响力分解为不同的力量来源。一套客观的评价体系需要将这些影响力来源量化为可获得或可测量的指标，如在品牌影响力中通常细化为市场覆盖率、市场增量、产品利润率等。在国际影响力方面北京大学国际关系学院朱锋曾提出，判断与衡量一个国家影响力的指标有：在国际主流媒体中的报道率、在别国民意调查中的受欢迎程度、经济和贸易问题上的依存度以及外交与战略关系的紧密度等。对于舆论形成中的舆论领袖影响力的研究，也需要建立合理的、可获得的、有传播学意义的量化指标。

一　影响力来源要素

在互联网时代之前，讨论一份报纸的影响力主要指标是订阅量，电视节目的影响力主要体现为收视率，即主要考量到达率和传播规模。而在传播效果的考量中，信息内容对人的影响除到达认知外，还有两个深入的层次：内化形成观点、指导行为，而后两点也正是意见的领袖能力的集中体现。互联网信息传播时代，除了为受众提供了更充分的数字化信息外，也使每个接入网络的个体被数字化，有意的文本输入或无意间的鼠标点击都成为解码传播活动的数据库。因此，在网络平台我们可以更清晰地看到一个意见是如何影响他人的意见形成，如何指导受众的行为，即透过数据来分解剖析舆论领袖的影响力。

（一）有广泛的信息获取途径：时效性、公共性、地区性

在议程的设置方面，经典理论中舆论领袖作为媒介与大众之间的信息中介对议程进行过滤或解读，而在微博平台，用户即信息源、即媒介，既有舆论领袖的信息生成会使信息的传播度提升，而即时兴起的舆论话题也会因重要节点用户的内容生成而使该用户成为话题舆论领袖。即在这样的以 UGC 为核心的自媒体平台中，信息本身所蕴含的爆发力有较强的培养舆论领袖的能力。通常这样的信息有如下特征：

1. 时效性。信息是具有较强时效性的，对于新闻信息而言更是如此。与传统媒体相似的是，信息的首发将使信息所蕴含的能量极大提升。而与传统媒体不同的是，信息的时效性使其在网络平台的竞争更加激烈，往往以秒计算。微博平台每一个自媒体的经营者，无须经过信息的审核，每个用户都能通过智能终端实现新闻事件的直播。因此，也可以说，民记者时代，新闻的时效性使每个人都有成为"名记者"的机会。

2. 公共性。舆论领袖的形成需要有一定规模的受众跟随。因此，

即对于 UGC 内容的选题，需具有一定的普适性，这种普适性体现为议题为公众所广泛关注的，具有较强舆论和受众基础，这一点也正是在当下微博平台部分知识分子在舆论中担当舆论领袖角色的现象较为普遍的原因。尽管对于这些知识分子的定义尚有争议，但其特点明确，具有较为优越的教育背景和社会职业，在微博平台上关注公共利益、民生事件并主动参与分析、评论等传播活动。选择议程的公共性，是"公共知识分子"获得关注并成为舆论领袖的关键。

3. 地区性。新闻的价值研究中，突发事件、地缘接近性、个人影响和冲突是重要的组成要素（李普曼，1922）。在新闻的传播效果形成中，地缘接近性是形成地区性舆论热点的重要原因。虽然互联网打破了信息传播的地域限制，但是每一个体的网络行为与其真实的社会活动的联系密不可分，受众对于本地相关的议程普遍关注，甚至降低了知识沟带来的信息认知差距。因此，地区性特征明显的话题则在区域内获得更广泛的受众关注，产生较强的影响效果。

（二）突出的信息表达方式：尖锐度、趣味性等

从 UGC 内容的生成角度而言，在既定议程下文本的表达对其内容的传播性的影响较大。

1. 尖锐度。与地缘接近性一致的是冲突也是信息价值的重要成因。体现在微博平台上则是文本表达与主流价值观产生冲突的和与传播媒体信息表达产生冲突的，或针对同一话题微博平台同时存在情绪激烈的对立观点，这三类信息的表达体现出较强的尖锐度，则往往因冲突性带来广泛的受众卷入。

2. 趣味性。趣味性可以表现在话题的选择上，也可以表现在文本的呈现中。生活节奏的加快使人们对碎片化事件的娱乐性信息的消费需求增加，因此趣味性的话题或趣味性的文本表达顺应了这一需求，如冷笑话话题、"凡客体""知音体"等在微博上快速拥有粉丝追捧。多数情况下这类话题娱乐性较强，不涉及公共事件中对受众的引导和影响，但也有因趣味性带来的内容体现了受众对公共事件的无奈和调侃，如"我爸是李刚"网络语言在事件后依然被广泛用于相似的公共事件评论中，引导受众对相似案件进行类比，推进舆论的发展。

（三）社会特征：如官方性、专业背景、社会身份等

在用户特征方面，微博平台的信息流动是以认同与信任为基础

的主动传播活动。而这种认同和信任的力量源往往来源于受众对其既有身份的认同和信任，即这种身份影响力与传统媒体时代舆论领袖的影响力来源相近，在信息的生成或过滤过程中，信息源的社会特征影响力往往先于内容本身到达受众。在信息从各种信息源经各种渠道到达受众的过程中，受众在海量信息中将陷于选择的旋涡，这时既有的信息源特征成为用户进行选择的首要因素。这类用户特征通常体现为:

1. 信息的官方特征。如新闻记者、实体组织的官方微博，其自身的官方特征或所代表机构的官方性为其内容的可信度背书。

2. 专业背景。如医药领域、食品安全领域、军事外交领域等，这些专业领域的问题既关乎公众利益，又有较强的专业壁垒。在这类信息的过滤和解读中，专业特征的知名用户通常会成为受众选择跟随的舆论领袖。

3. 社会身份。微博是具有草根特征的自媒体平台，但在舆论领袖的形成中，微博平台的实名认证即为某些用户标注了其真实的社会身份。实名认证是对微博信息可信度进行保障的一种措施，而同时也为真实的社会身份的影响力移植提供了通道，也同时使之具有了"被关注"的优先权。

二　上述因素的衍生可执行变量

以上信息特征、文本组织、用户特征都是微博舆论领袖影响力的来源，而如何在评测系统中将这些因素科学地体现为可执行的变量，是构建评价标准的第一步。可执行变量，即指可直接或间接获得测量的传播活动相关数据，其可执行性表现为从上述形象因素抽象成为可获得的数据的过程。

（一）粉丝数、微博数量、原创比例

舆论领袖的粉丝数、发表微博的数量、原创微博的数量是直观可获得的数据。其中粉丝数是可见的潜在直接传播受众规模，是舆论领袖可影响的受众的最直接体现。其发表的微博数量和微博中的原创微博比例，则是舆论领袖微博平台活跃程度的体现，活跃的微博活动增强了在受众中的曝光度，稳定了在受众中的观点形象，是对既有的传播影响力有效保持的重要因素。

（二）公共事件活跃度

在微博平台的每一次舆论事件中，重要节点都会因其传播活动表现带来粉丝的增加或减少。在对于既有舆论领袖的识别和评价中，历史公共事件话题中舆论领袖的参与度将成为对未来传播活动参与活动进行预判的重要根据。其中包含了参与的公共事件数量，在公共事件中表达个人观点 UGC 的数量、与粉丝进行互动对话的程度、意见表达的激烈程度等都是公共事件活跃度评判的重要数据库。

（三）粉丝的群体属性、关注的信息源群体属性

微博平台通过关注与被关注聚合在某一个维度上有共同兴趣和共同需求的人，从而形成强大的聚合能力。而舆论领袖的粉丝的群体属性则表现了舆论领袖除直接的粉丝外可聚合人群的能力。微博平台有其社交媒体属性，而社交性即体现为每一个体均处于明确或潜在的群体中，同时微博平台也有边界明确的微群来增强社交媒体的属性。同质性往往是形成群体的重要特征，这一特征与微博认同下的订阅机制相似，因此当粉丝的群体属性与舆论领袖所涉及领域产生较大相关性时，该粉丝对于舆论领袖传播能力就会起到补充增强作用。

（四）多级传播能力：粉丝覆盖面、粉丝传播能力

多级传播能力即对粉丝质量的衡量，在微博传播能力被广泛认知后，单纯的粉丝数量已经不能真实反映粉丝的规模和质量了。因此，有效的粉丝数量、粉丝的活跃程度直接决定了舆论领袖所面对的受众群体的传播能力，而这种二级传播能力正是微博爆炸式传播的发力点。粉丝的质量包含，粉丝的粉丝数量（二级粉丝数）体现了二级传播潜在规模、粉丝的活跃程度（如粉丝的平均每天微博发布数量）、粉丝的公共传播能力（粉丝的转发内容中与公共事件相关微博数量）等。粉丝质量的衡量对舆论领袖的影响力而言是重要的，同时也是细分因素较多比较难衡量的。

第二节 微博舆论领袖的信息传播路径

一 二级传播与微博传播路径

在经典理论中，舆论领袖具有二级传播的节点作用，在信息从大众媒介到达大众的过程中，对传播的信息加以处理并再度传播。在微博平

台，每个用户都不仅是传播的终端受众，而且是信息通路上的一个节点，控制着经过信息的流入和流出。那么微博平台的舆论领袖则是对于流入的信息加以调整后使信息流的方向、流速发生改变，并同时通过粉丝的二级传播，使原信息流流量激增，促进舆论洪流的形成。作为信息节点中的主要节点，舆论领袖的意见表达代表了舆论的走向和信息传递及聚集的方向。事件的舆论发展每经过一个重要节点，则产生一次信息传播的爆炸或产生信息方向的改变，从微博舆论的传播图景中可以看到随时间的推进舆论热点因舆论领袖的意见生成而不断变化和转移。因此，勾勒出信息传播中的舆论领袖可以帮助发现事件的信息传播路径和规律。而微博的信息传播路径即是由若干舆论领袖节点在时间轴带来的舆论热点的连线。

二　多节点传播路径（基于@功能的信息强制传送）

微博平台的"@"功能，在订阅机制信息平台上加入了信息的强制送达功能，信息无须接收方的订阅或许可即可在 UGC 内容中加入@而到达指定目标。如在诉求维权的微博信息中通常可以看到主动@一些长期关注公共事件的既有舆论领袖。那么，当事件通过了这些舆论领袖节点则流量迅速提高形成第一波扩散，此时随着舆论领袖的转发，为诉求者带来了大量关注，提升诉求者的粉丝量，使诉求者成为话题中的即时涌现舆论领袖，当诉求者再进行下一步信息发送时，则一方面获得了新增粉丝的传播，另一方面又可与产生回应的舆论领袖进行第二轮互动。在此事件中既有舆论领袖因为@被唤醒，即时涌现的话题舆论领袖因为转发@而获得关注成为意见主导，由此一个由两个舆论领袖节点形成的简单的传播路径便清晰地呈现，他们彼此之间互动并分别向外辐射大量传播。可见，在特定话题下，传播路径可以通过@功能进行控制和监控。当然，既有的舆论领袖可以被唤醒，而随传播的扩散新的即时舆论领袖，可能是信息源、可能是舆论人物也可能随机产生。但无论是既有舆论领袖还是即时舆论领袖，当形成了扩散规模、意见引导，则舆论领袖之间直接或间接、单向或双向的信息通路连线即可勾勒出话题的传播路径。

第三节 微博舆论领袖影响力叠加效应分析

舆论领袖间的互动将引发关注粉丝群的移动，形成粉丝的正反馈，即随着信息的流动方向，信息流动中所涉及的舆论领袖粉丝相应增长，由此形成意见方向一致的舆论领袖的部分粉丝共享，粉丝的共享使直接受众群体和二级传播受众群体相重叠，则进一步使所涉及的舆论规模扩大。

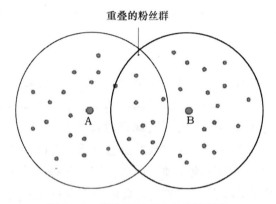

重叠的粉丝群

图5—2 产生重叠受众的舆论领袖

从图5—2中可见，对于舆论领袖A其粉丝原可见的舆论可燃点只有A，B同理，当A与B产生直接受众的融合后，融合部分的受众可见的舆论可燃点增加为A、B两个，在话题既有的舆论规模中再一次引起热点的"可燃点"增加，使蕴含的传播力量更大。

一 微博舆论领袖的群体特征

微博舆论领袖有独立性、非唯一性、不可控性和稳定性。

（1）独立性。体现为除舆论领袖身份外，每一名用户还有其不同的真实社会属性，使其微博日常 UGC 内容的发布呈现一定的独立性。在出现热点事件前，舆论领袖账号与普通用户一样各司其职，如官方媒体账号会关注不同类型的新闻，知识公众会发表生活相关内容，专业类型账号会整理专业化的信息，明星微博会与粉丝互动等。不同于传统媒体的新闻解读、评论员文章等,微博平台引导公众议程的舆论领袖并非由固定的角色扮演,这也使微博平台的舆论领袖形象更加丰满,无论组织还是个人都拥有人格化的媒介形象,更易受到普通用户的认可。

(2)非唯一性。舆论领袖在微博平台进行议程设置,这样的议程设置可以是媒介议程,也可以是产生回应的公众议程,在一个舆论事件中一般会存在不止一个舆论领袖。微博平台的信息传播呈现较强的互动性,事件舆论亦非传统媒体时代的"一个声音",有多个舆论领袖,才会有话题的互动,产生议程的异化推进,催化舆论热度才会不断攀升形成焦点。

(3)不可控性。根据六度传播理论,微博平台的传播规模在理论上可在五级传播内涉及达平台使用的每一个人,每一个节点都与彼此直接或间接相连,都控制着经过节点的信息流通停止或继续扩散。因此,每一个节点都有机会和潜力成为舆论领袖。在信息的传播过程中,信息流动速度极快,可能的传播方向极多,使每一个节点都处于舆论观察者的控制之下并不可能。信息可以随机地找到网络上的恰当节点停留并被修改再进入流通扩散,而每一个节点都拥有瞬间聚合意见的能力,即舆论领袖的生成存在较大的不可控性。

(4)稳定性。与舆论领袖产生的不可控性相对,对于某些类型的舆论领袖,因其微博 UGC 内容长期聚焦某一领域,或其社会身份有明确的领域标签,同时在相关热点话题中产生过较大影响力,则这类舆论领袖无论是否在一次相关话题中被激活都是这一领域较为稳定的舆论领袖,是在进行舆论预测和研判中的关注重点。

二 微博舆论领袖带来的信息传播状态

(一)信息传播总量变化规律

传播总量即指在信息的传播过程中被卷入直接参与传播活动的受众规模。在微博舆论热点形成的过程中,对单一舆论领袖而言,生成的信息随传播过程从一级转发、二级转发不断深入则在时间轴上表现为转发量、评论量波动上扬的过程。通常一级转发和二级转发带来的传播总量的增长幅度较大,占总量的80%以上。而对整体舆论而言,每当信息的流动经过一个舆论领袖则产生一个波动的上扬。如图5—3所示,在南京梧桐树被砍伐的案例中,微博的关注度产生两次上扬,一次是因为南京砍树计划曝光后某网友发起的护树活动倡议,另一次更大的传播量上扬是因黄健翔等舆论领袖的介入。① 由此可以形象地看到传播总量在经过舆论领袖后的激增。

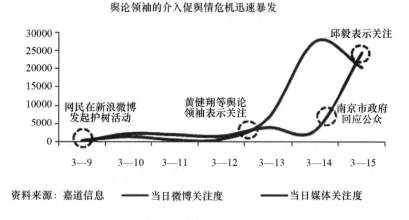

图5—3 舆论领袖带来的传播总量激增

（二）基于@的舆论领袖的可控性

人际传播中的六度理论在微博平台得到浓缩,新浪微博的首席执行官曹国伟曾表示,根据他们的已有数据,一条微博经过三个节点的传播,最大可能在整个微博用户群中实现97.3%的覆盖率。即通过微博,只需三个节点就可以覆盖97.3%的六度空间。尽管这只是理想传播情况的推演,但依稀可见微博网络下的信息传播和覆盖能力。

受众以认同为基础按照某些自然属性的一致性聚合成为粉丝,当每一个节点的粉丝形成都具备了某些一致性属性,那么当符合一致性的信息出现则沿着粉丝通路,通过@的直接送达方式可以将引导信息向着"该属性"中潜在的舆论领袖有效扩散,每一层级的一致性使爆炸性扩散同时具有定向的能力,由此带来的传播有效程度的提高,可认为是到达舆论领袖的捷径。

———————————

① 资料来源:嘉道信息技术（上海）有限公司。

（三）舆论领袖的共振效应——潜伏的危机

当某一话题在即时舆论领袖出现的情况下唤醒了既有的多位舆论领袖时，多位舆论领袖的影响力产生叠加，当舆论领袖的意见引导方向一致或产生极大分歧使单一话题不断被炒热时，则使在舆论空间中产生信息的正反馈即舆论领袖之间产生互动，同时每一次互动都产生更大一波的扩散，当互动的频率提升，传播的频率高度一致的时候，高频率的扩散产生叠加引发类似物理学中的共振效应。持续的共振将引发崩塌，在物理环境下表现为道路桥梁的坍塌，而在微博的舆论空间内则将产生舆论的极大混乱即危机。反馈到现实社会中，则增大了线上舆论引发线下行为聚合的可能性。

第四节　微博舆论领袖影响力模型建立

一　舆论领袖测评系统的描述及分类

与宏观的讨论微博带来的传播规律的改变不同舆论领袖的评测需立足于微观解读，从网络图谱深入每一个文本发布、每一个链接的建立，通过数学建模的方法探寻微观层面可获得的影响力细分变量，搭建影响力估值模型。为使模型的构建对舆论的解读提供更充分的帮助，模型需能对舆论的发展有预判功能而非仅对发生过的舆论事件进行后验分析。

如前所述，为了更加准确地抓取与事件舆论推进相关的影响因子，本书认为，普适性的分析可适用于定性分析，而对于模型构建基于可行性考虑则需要进行对事件以及领袖用户的基本分类。以模型应用目的为区分将舆论事件分为商业事件与公共事件。

二　影响力维度解析

从理解传播活动的框架出发，结合微博平台数据库可获得的自然用户数据，将抽象的微博舆论领袖影响力从三个维度进行解析。

活跃度——用户在微博平台活跃程度以及与其他账号的交互程度的活跃性。体现了用户对平台的使用率、在粉丝受众面前的曝光率。活跃度是对用户存在状态的衡量，是成为舆论领袖的重要基础。

传播度——用户生产的内容，即 UGC 被转发、被评论的规模。含有两种情况下的考量：一是在累积状态下或日常状态下用户内容生成带来的传播度，即常规传播活动中带来的传播度基础、与粉丝对话互动的状态；二是在已发生的舆论事件中曾表现出的应激状态下的内容生成带来的传播度的提升幅度。常规下的状态考量是形成事件中传播度激增的基础，同样焦点事件中的传播扩散提高幅度体现了舆情中的引导能力强弱。

覆盖度——对应传统媒体的信息到达率，即信息潜在的受众覆盖的规模。重点考虑一次转发后即二级传播下的信息潜在可到达的受众规模、受众的活跃程度、受众的群体属性等。

三　变量设计及定义

在模型中，考虑模型中参数的可获得性，将三个微博的影响力因素细化为具体的数字指标：

（一）活跃度指标

平均每天发表的微博数。

原创转发比例（原创性微博与转发性微博的比例）体现了用户UGC生成的主动性。

（二）传播度指标

平均每条微博被转发的数量。

平均每条微博被评论的数量。

（三）覆盖度指标

活跃粉丝数，排除了僵尸粉后的粉丝数。

二级传播参数，即粉丝的粉丝规模。

粉丝分布参数，即粉丝分布的聚合度，主要涉及年龄分布、地域分布。

四　以社会公共事件为例构建影响力模型

在影响力的模型中，主要由两部分组成：影响力计算公式、标准化的评价数据库。

（一）影响力计算公式中的几个概念

1. 系数 β（在事件考量中使用）：微博平台在热点事件中的评论与转发数量通常有1—2个数量级的差异，而评论的内容将对话题的转向起到重要作用，评论中的情感倾向（认同或反对）也体现了舆论领袖对受众的引导能力,因此为了将评论和转发置于同等重要的位置,引入调整系数 β。

Δ(在事件考量中使用):相关度系数。即考量正在发生的事件特征与舆论领袖历史表现的相关性,如专业相关性、地域相关性,这些有可能影响舆论领袖影响能力的因素,作为观察舆论时引入的调整系数。

2. 变量:相互独立的、变化的、来自于观测对象的一组指标,处于模型的输入端。

3. 加权:对于考量的三个维度,均对整体影响力的形成和测算有贡献,但在衡量中,三个维度所占比重不同,按照一定的比例计算每一个维度带来的影响力即对其进行加权,加权中赋予每个维度的比重系数即加权系数。

4. 平均:舆论领袖的模型构建除了对重点事件进行舆论回放研究分析外,还应具备对舆情的实时监测能力,是处于常态下的监测模型,因此对于用户的部分行为数据的采集进行平均处理使其能够对常规活动情况有所体现。

(二)舆论领袖影响力计算公式

因为各影响力维度之间的关系是平行关系,因此选择线性模型。在指标选择合理的基础上,应用线性模型:

$$q_l = \sum_{i=1}^{N} f_i X_{il}$$

其中 q_l 是指对第 l 个用户进行的打分结果,f_i 是指在第 i 个维度上的加权系数,X_{il} 是指第 l 个用户的第 i 个维度上的变量值。在使用中,舆论领袖影响力测算公式共有三个维度,即分别累加 i = 维度 1,i = 维度 2,i = 维度 3 时的变量加权后结果。

完整的测算公式展开如下:

影响力 = w_1 * (微博数/天 + 原创转发比) + w_2 * (转发/条 + β 评论数) + w_3 * (活粉数 + 二级传播参数 + 粉丝分布参数) + Δ

以下是针对测算公式的几点补充说明:

1. 模型中系数均是动态的,在日常观测中应为系统不断根据数据变化自学习调整,实时跟踪账号。

2. β:事件中转发、评论的比例调整系数。

Δ:特指事件考察中,事件与账户本身的相关度。

113

3. w_1、w_2、w_3：加权系数，即活跃度、传播度、覆盖度的权重关系因子。数据训练后，通过决策机制产生。

4. 归一化。因各变量的统计单位不同，如发表的微博数是以 1 为单位计算的，进入观察视野的舆论领袖粉丝数则通常是以 1000 为单位进行计算的，因此变量之间不能简单地相加，需要将每一个变量都转化为一个 0 至 1 区间的数值，即经过归一化后再代入公式。

五　标准评价数据库的建立

评价标准数据库的建立对于影响力计算模型的有效实施是非常必要的。从上述公式中我们可以看到，除每天发布的微博数等各变量可以从微博用户直接获得数据外，要想得到影响力输出的数值，还需要获得加权系数 f_1、f_2、f_3。而加权系数的获得并非主观赋值，而是需要经过标准系统进行测算，再将测算结果应用于大量数据进行检验调整。通常，标准评价的建立需要首先明确标准的主体和评价对象，对于舆论领袖影响力评价系统标准的主体，则是使用系统进行舆论研究和舆论观察的学界、业界舆论观察者和第三方评测机构，评价的对象即微博平台的舆论领袖。因此，标准的制定与专家意见紧密相关，但同时个人的评价总是存在片面性和主观性，专家的评定打分也无法避免一定程度上的偏差，因此制定评价标准不能简单地通过调研统计完成，而是要通过信息分析手段最大限度地去除评价中的偏差使输出结果更接近真实。将本系统中的评价标准建立过程介绍如下：

其中主要使用的计算方法叫作相关网络度排序算法。

首先选定 M 个被评价对象其代号 l 分别为 1，2，$\cdots$，M，同时选择 N 位评价专家其代号 i 分别为 1，2，$\cdots$，M。那么对于每一位特定的打分专家 l，都将对 1—N 的被评价对象进行排序，其结果可以表达为：

$$\{R_{il}\}，(l = 1,2,\cdots,M;i = 1,2,\cdots,N)$$

在每一个人的打分中，分数都由客观分数 + 主观偏差两部分组成。为了尽可能减少主观偏差带来的影响，相关网络度即在假设专家们的排序都基于较为一致的学理背景来思考问题进行打分，算法从彼此打分的相关度出发来降低偏差。假如对于某一对象的第 i 位给出的排序为 5，第 j 位专家给出的排序是 8，则两者间的排序距离为 $d_{ij} = 8 - 5 = 3$。使用 spearman 相关系数计算两者间的相似度 S_{ij}，如下：

$$S_{ij} = 1 - \frac{6d_{ij}^2}{M(M^2 - 1)}, i,j = 1,2,\cdots,N$$

在系统调试中，给定一个相关系数临界值 S_k，如果两名专家对于同一名被评价者的相关系数大于 S_k，则在两者间不形成一个连线，如果排序的相关系数小于 S_k，则在两者间产生一个连线。以此类推，当针对所有被测试点，都完成了任意两名专家的相关度计算，每一个专家都收到了不同数量的连线，连线数量多，则表示该专家的排序客观程度更高；连线数量少，则表示该专家排序与共同标准存在差异。下列公式中的分子 W_i 表示第 i 名专家收到的连线数，分母则表示所有专家收到的连线数的总和，那么第 i 名专家给出的排序的可信度则表示为 f_i：

$$f_i = \frac{W_i}{\sum_{i=1}^{N} W_i}$$

将 f_i 用作加权值，加权累积所有专家的排序，则针对第 1 名被评价者，其最终的排序应为 q_l：

$$q_l = \sum_{i=1}^{N} f_i X_{il}$$

以上是获得标准评价数据的完整过程。通过相关网络度算法，可以得到对于被测试对象的专家组排序。

在构建合理的测算公式和获得了标准评价数据后，则可以通过线性回归的方法得到影响力公式中的 w_1、w_2、w_3 加权系数。由此，整体系统构建基本完成，只需要实时输入变量数值，便可以看到舆论领袖影响力随着时间的推进而产生的变化了。

第五节　以小悦悦事件为案例的舆论领袖影响力模型解读[①]

理解舆论领袖在数字媒体上的影响力，其中一个非常重要的目的是分析不同类型的舆论领袖在传递自身意见的过程中，如何相互作用并最终形成影响力裂变的单体效应或叠加效应。

---

① "小悦悦"案例分析部分源于程士安教授的国家社科课题《重大突发社会公共事件和微博的关联性研究》。

例如，各类舆论领袖的话题传播及衍生的重要环节（见图5—4）：

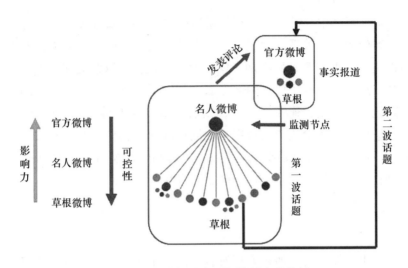

图5—4　舆论领袖在话题传播中的作用

作为研究探索，选择舆论领袖分类中的"公共事件"及"官方舆论领袖"进行解读。网络媒体在事件舆论波生成过程中起着重要作用，但传统媒体依然具有实际影响力。这是由于在与传统媒体的对比中，微博在时效性、即时互动性上优势明显，并且微博传播没有传统媒体"把关人"角色对内容的层层过滤。但同时传统媒体保有其深入报道的优势。①

选择的社会事件是2011年广州佛山"小悦悦"事件，基于"新浪微博"的话题截取数据。数据获取的起始时间为2011年10月13—24日。在这一具有较大影响力的事件中，草根舆论领袖、传统媒体官方舆论领袖、民间舆论领袖合力推动舆论跟随事件进展不断发展。

不同事件中三个圆形覆盖面积的不同体现了在事件中的作用范围。将小悦悦事件中的部分舆论热点话题填补后可以看到：

可见在舆论形成以及舆论引导中三类舆论领袖的自然分工并不相同，本次案例研究以官方舆论领袖为落脚寻找影响力构成因素的同时，也将对官方舆论领袖如何建设进行探索（见图5—5）。

---

①　陈立敏：《微博与传统媒体关系探微》，《新闻爱好者》2011年第3期。

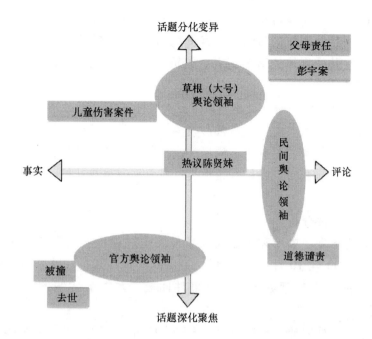

图 5—5　小悦悦案例中的话题与舆论领袖关系

一　案例：研究对象的选择

选择以广州佛山被碾儿童小悦悦案例进行研究，因其话题的持续时间较短，约七天。从时间维度上排除长话题的时间干扰，从而更精确地考察微博平台，社会事件所能引起的话题分布和形成、信息流向、舆论领袖作用及事件消解。同时该内容不涉及社会敏感话题，在微博平台由于"信息过滤管理"而损失的舆论热点较少，具有深入解释的可能性。此外，事件关乎社会道德、良知，关乎人性唤起、社会管理规范、法律法制健全，有较大的影响力，其话题已延伸至海外传媒。①

二　研究的对象

新浪微博的三类用户的微博，即把传统媒体的官方微博梳理成三个类别：

----

① 程士安：《微博领袖影响力研究——以传统媒体官方微博为例》，《广告大观》2012 年第 8 期。

（1）传统媒体自身的官方微博。如《南方都市报》的官方微博。

（2）传统媒体的掌门人（官员）。如《第一财经》秦朔的微博。

（3）传统媒体的著名记者、编辑。如《北京青年报》资深编辑记者王军光。

本研究获取的研究文本有以下三类媒体（指报纸、杂志）：

（1）中央类、党报类；都市报类；专业类及其他。

（2）日报类；晚报类；周报类；星期周刊类及其他。

（3）深度报道类；综合报道类；专业报道类及其他。

三　事件分析

首先梳理、描绘和编制突发事件发生过程中的信息树的主干和分支。自2011年10月13日小悦悦被碾到小悦悦离世，整个信息的延伸和发展的过程整理如下。通过事件回放，看整个话题的走向是谁在引领。

通过事件回放，整理10月13—24日话题，得到了如下微博平台的信息树主干：

含传统媒体发出的声音、网络关注、讨论（门户网站、论坛、微博等）

（1）10月13日：小悦悦接连被两车碾过，路人冷漠对待，拾荒阿姨救起。

（2）10月14日：小悦悦转入广州军区广州总医院。

（3）10月15日：媒体报道和网友介入，寻找冷漠路人，南方电视台首先报道。

（4）10月16日：真假肇事者。《南方都市报》《广州日报》等媒体报道介入。

（5）10月17日：佛山市重金奖励救人者陈贤妹引发质疑。中央媒体、境外媒体关注。

（6）10月18日：佛山市检查机构介入。BBC等国际媒体关注。

（7）10月20日：小悦悦伤情通报会。省委书记呼吁反思、假肇事者被留置。

（8）10月21日：小悦悦离世。10月21日凌晨，小悦悦去世的消息首先由《南方都市报》记者通过微博发布。

（9）10 月 24 日：悼念活动；媒体评论；公众反思。

四　数据获得与垂直信息分析

在案例梳理的基础上进行数据获取及清洗，在新浪微博平台获得粉丝数大于 5000 且与媒体相关的微博用户共 2555 个。抓取 2555 个用户在 10 月 13—24 日发布的微博共 96936 条，其中与小悦悦相关的 2190 条微博及相对应的 575 个用户被全部选做研究样本。此次案例研究的样本皆是在事件发展的 12 天中其微博表现与事件相关的 575 个媒体账号或媒体人账号以及这些账号发布的共计 2190 条微博。

以其中前 22 条转发量最大信息为例，原始数据为①（见表 5—1）：

表 5—1　　　　　　　小悦悦案例原始数据（部分）　　　　（单位：条）

用户名	转发数	评论数	转发＋评论	发布时间
南方都市报	65432	15486	80918	2011 – 10 – 21 7：58
新周刊	23115	6641	29756	2011 – 10 – 21 9：28
财经杂志	18280	4418	22698	2011 – 10 – 19 11：39
东方卫报	16719	2558	19277	2011 – 10 – 17 19：48
新闻晨报	14355	3004	17359	2011 – 10 – 19 19：13
新闻晨报	13446	3941	17387	2011 – 10 – 16 12：20
都市快报	11675	1804	13479	2011 – 10 – 21 8：15
南方日报	10332	2116	12448	2011 – 10 – 21 8：26
今日最新闻官方微博	5892	1359	7251	2011 – 10 – 15 22：20
南方都市报	5556	2344	7900	2011 – 10 – 17 8：24
新民晚报新民网	4628	1385	6013	2011 – 10 – 18 9：48
佛山日报	4405	858	5263	2011 – 10 – 21 8：06
今日最新闻官方微博	4387	605	4992	2011 – 10 – 16 23：40

---

① 资料来源：嘉道信息技术（上海）有限公司对新浪微博的数据获取。

续表

用户名	转发数	评论数	转发＋评论	发布时间
新闻晨报	4284	1073	5357	2011－10－21 8：56
新周刊	4175	2028	6203	2011－10－17 9：38
环球人物杂志	3757	895	4652	2011－10－23 1：41
南方日报	3692	1278	4970	2011－10－21 20：32
记者的家	3356	592	3948	2011－10－19 12：30
广州日报	3060	621	3681	2011－10－16 12：59
胡锡进	2950	1496	4446	2011－10－18 14：43
创业家杂志	2857	762	3619	2011－10－17 8：00
21世纪经济报道	2781	696	3477	2011－10－21 11：12

对全部 2190 条微博进行内容和时间的梳理，可以得到详细的事件中媒体用户所涉及的话题走势①（见图 5—6）：

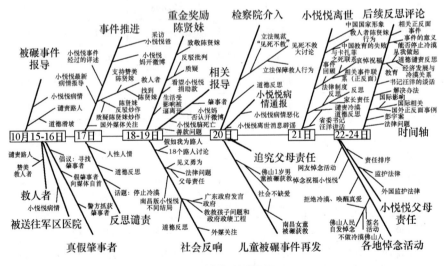

图 5—6　小悦悦事件鱼骨状话题脉络图

① 文本分析来源于复旦大学广告系毛靖雯硕士。

（一）从地域性分析

事件中的相应地域的微博传播总量（转发量＋β评论数）求和得到影响力分布（按地域累积）（见图5—7）:

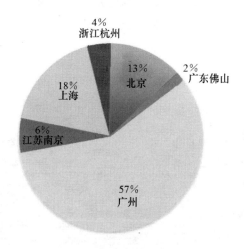

图5—7　按地域累积的传播总量分析

将事件中的影响力按照地域求和后的图与前一幅微博计数的图相比可以看出，广州作为突发事件所在地，其地域内媒体所发布微博在热门22条微博中占比40％，但是其整体信息的影响力却显著提升到57％，其中有接近20％的差异来自于话题的地域性影响力。而佛山的媒体作为事件精确发生地，有一条来自《佛山日报》的微博上榜，占考察样本的5％，但是其传播总量只有2％。相比较同样是只有一条微博上榜的南京报纸《东方卫报》，同样都是转发小悦悦去世的消息，微博传播总量却是占有地域性优势的《佛山日报》的3倍。同时两者的粉丝数差异不大，《东方卫报》31万，《佛山日报》28万。因此，通过分析可以发现，《东方卫报》与《佛山日报》相比的优势在于粉丝活跃度、卷入度、微博内容形式方面。通过数据可以发现不同官方微博在影响力因素构成中的优劣势，从而可以有的放矢地加以改善。

　　图5—8、图5—9分别是统计中575个媒体官方账号和媒体人官方账号按地域累积的地域版图，其中颜色越深的地方表示关注事件的账号越多，可以看到除了传播总量有着较强的新闻地缘接近性的特征，来自事件所在地广州的信息获得了最大的受众转发参与外，无论是媒体账号还是媒体人账号，北京地区在账户数量上都超过了广东省。当然，这一

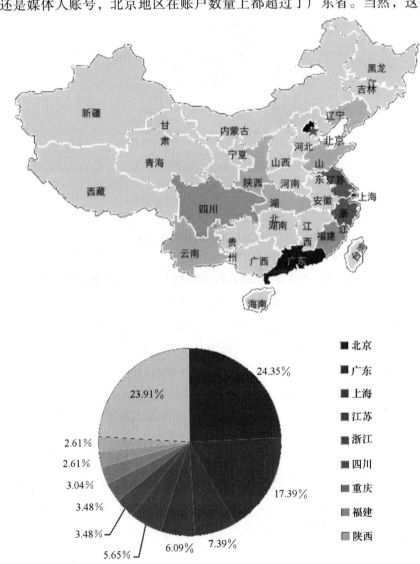

图5—8　媒体官方账号按地域分布版图

方面与全国性媒体在北京的聚集程度有关，另一方面也体现了北京的媒体和媒体人对全国性新闻事件的敏感和主动卷入，本地媒体的传播行为将通过议程设置的作用在一定程度上引导本地用户关注事件参与舆论的形成。

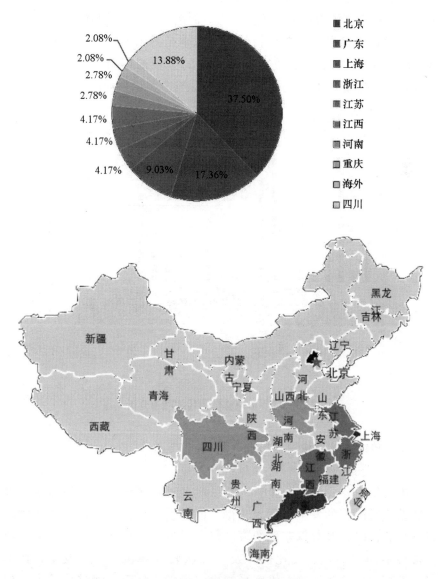

图5—9　媒体人账号按地域分布版图

此外，通过事件地图，可以看到尽管事件成为舆论热点，但是微博平台的整体使用依然有其地域限制，这样一个社会性问题的媒体表达仍局限在少数省份中。

（二）传播总量与粉丝量的关系

其中，《南方都市报》在传播能量中最突出的表现为粉丝规模庞大，这一点带来了直接的传播扩散力。而图5—10中凸显的《南方都市报》和《南方日报》的单位粉丝影响力则是博主影响力中定向力的表现，说明这样的舆论领袖在此次事件中的"领袖作用"显著，并预示着未来相关类型事件中，成为拥有更大影响力舆论领袖的潜力。

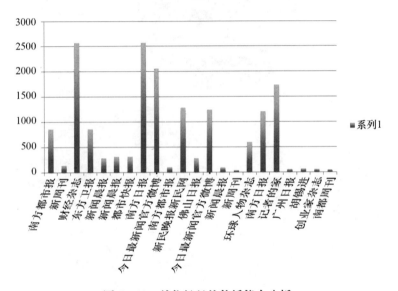

图5—10 单位粉丝的传播能力分析

五 传统媒体舆论领袖影响力测算

（一）公式的简化

在完整的公式参数设计中，考虑到实时观察舆论的应用需求，许多数据应随时间的发生而积累获得。但在模型设计之后，选择案例进行分析验证时，其数据获取的限制需要对模型进行部分简化，无法获得常规下的"原创转发比例"及"二次转发规模"两个变量，在不影响模型对舆论领袖三个维度影响力考量的前提下，测试检验中将模型简化为：

影响力 = w_1^* （微博数/天） + w_2^* （转发/条 + β 评论数/条） + w_3^* （粉丝数）

为科学地考量转发量与舆论影响的关系，体现微博粉丝的传播能力、卷入度以及评论内容带来舆论的走向、拐点。对微博平台呈现"转发"和"评论"数字差别悬殊进行修正，对采样的所有 21900 条认证媒体类用户微博进行分析，通过平均处理所有微博的转发评论比，得到转发和评论比例是 2.13:1，因此将传播总量定义为转发 + β*评论。

从而使转发和评论对于微博舆论作用的考核中权重相近（见图 5—11）。

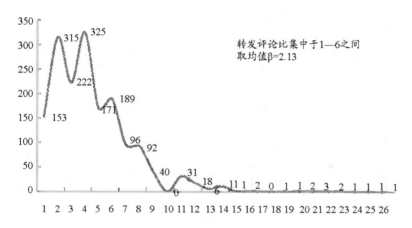

图 5—11　β 值的获得

（二）专家评价标准及加权系数的获取

为了获得针对该事件的专家标准，本书选择了复旦大学新闻学院传播学 13 位老师和研究生作为案例专家组。首先对专家组进行案例的梳理介绍，通过 PPT 介绍案例中从 575 位用户中重点选择的 33 位传统媒体舆论领袖传播活动的情况，包含微博粉丝数、发布的每一则微博信息的转发量、评论量、文本表达等。同时将微博舆论领袖在形成观点、聚合关注、推动舆论方面的作用解析进行交流，在这样的基础上，请专家组从舆论领袖影响力的角度为 33 个账号进行独立排序。收到的排序结果统计如下（见表 5—2）：

表 5—2　　　　　　　　　专家组测试结果统计（排序）

专家编号 媒体微博	1号	2号	3号	4号	5号	6号	7号	8号	9号	10号	11号	12号	13号
21世纪经济报道	15	14	13	30	14	4	8	25	14	14	13	5	19
vista看天下	14	15	15	5	6	10	17	5	18	15	5	8	14
博客天下	33	32	33	31	12	30	27	32	31	29	26	32	33
财经杂志	8	8	8	29	13	1	3	20	7	25	22	3	17
成都晚报	16	16	16	3	15	23	20	3	12	9	8	19	12
东方卫报	17	17	17	21	32	31	6	19	33	30	21	25	15
东方早报	29	28	27	11	7	5	26	17	27	4	11	11	13
都市快报	5	5	5	6	8	11	7	18	6	16	12	4	25
佛山日报	6	6	6	2	16	12	24	2	24	3	2	9	1
广州日报	18	18	18	10	9	13	18	1	16	1	3	10	2
胡锡进	23	24	24	7	17	26	11	30	19	10	23	14	22
环球企业家杂志	30	30	29	32	26	27	29	24	28	28	29	28	32
环球人物杂志	10	10	10	20	28	22	9	23	10	17	28	13	21
记者的家	7	7	7	8	33	14	14	21	4	11	19	12	18
今日最新闻官方微博	9	9	9	4	18	15	19	15	2	5	7	17	3
南昌同城会	27	33	25	28	31	28	28	33	20	32	24	21	31
南都东莞	21	21	21	12	30	21	33	22	21	20	10	22	24
南都周刊	11	12	11	17	19	3	13	10	5	12	9	7	23
南方都市报	1	1	1	1	3	2	1	7	11	7	1	6	9
南方人物周刊	22	23	32	33	20	20	5	26	22	21	20	15	27
南方日报	3	3	3	13	4	16	12	14	8	6	4	16	4
秦朔	32	31	31	23	27	33	25	31	30	27	33	30	29
青年时报	25	25	22	9	10	17	23	13	17	22	16	18	10
时代报	28	27	28	19	29	25	30	12	29	23	18	29	20
新京报	19	19	20	18	11	19	22	9	25	8	25	27	11
新快报	20	20	19	16	21	7	31	4	13	19	17	26	8
新民晚报新民网	31	29	30	25	24	19	21	8	9	18	15	24	7
新闻晨报	4	4	4	14	1	6	4	6	3	13	14	2	5
新周刊	2	2	2	15	2	9	2	11	1	2	5	1	6
有报天天读	24	22	23	26	22	24	32	16	26	31	27	31	16
中国企业家杂志	26	26	26	22	25	32	15	29	23	24	32	23	26
中国网新闻中心	13	11	12	24	23	29	16	28	32	33	31	33	30
中国新闻周刊	12	13	13	27	5	18	10	27	15	26	30	20	28

通过相关网络度排序算法处理后,与影响力计算公式进行线性回归,得到加权系数:

活跃系数 w1 = 0.4

传播系数 w2 = 0.5

覆盖系数 w3 = 0.1

六 "小悦悦事件"的微博舆论领袖影响力计算

在获得所有原始数据及加权值后,由于所有因素的单位不同,因此需要首先对数据进行归一化处理。如活跃度中的微博发表数的单位为1,转发和评论的规模在100—10000不等,粉丝的单位是万,因此简单的相加会使单位较小的变量作用湮没在单位大的变量中,归一化即把有单位的变量变为无单位的变量,纵向的将数据都变为0至1区间中的值,以发表微博数为例,统计中发布最多的为63,发布最少的为1,即将63作为整体也就是归一化后的"1",其他所有变量根据比例变化为0至1中的一个小数,如发布数为"6"即变化为(6−1)/(63−1)约为0.4。如此处理后的数据经过模型测算,结果如下:

表5—3 归一化换算及影响力指数计算过程

用户名	微博总数(条)	归一化	均转发数(条)	均评论数(条)	转发+β*评论	归一化	转发+评论	粉丝数(个)	归一化	影响力计算	所在地
财经杂志	1	0.02	18280.00	4418.00	27708.01	1.00	22698.00	141325	0.04	5.10	北京
新周刊	5	0.08	6335.00	2479.00	11635.19	0.42	8814.00	3619038	1.00	3.40	广东
南方都市报	11	0.17	7263.18	5057.45	11653.79	0.42	9320.64	1481168	0.41	3.20	广东
今日最新闻官方微博	63	1.00	187.41	45.16	283.78	0.01	232.57	55297	0.01	3.05	广东
佛山日报	39	0.62	235.95	62.56	369.46	0.01	295.51	287866	0.08	2.60	广东
成都晚报	31	0.49	193.87	44.39	288.59	0.01	238.26	114800	0.03	2.03	四川
新闻晨报	12	0.19	2955.92	805.08	4673.96	0.17	3761.00	943358	0.26	1.85	上海
东方卫报	19	0.30	1865.56	289.22	2482.76	0.09	2154.78	315029	0.09	1.72	江苏
新快报	21	0.33	255.86	80.14	426.88	0.01	336.00	698246	0.19	1.58	广东
南方日报	17	0.27	1063.82	269.00	1637.87	0.06	1332.82	72990	0.02	1.38	广东

用户名	微博总数（条）	归一化	均转发数（条）	均评论数（条）	转发+β*评论	归一化	转发+评论	粉丝数（个）	归一化	影响力计算	所在地
广州日报	15	0.24	510.13	127.73	782.72	0.02	637.87	985336	0.27	1.35	广东
都市快报	8	0.13	1614.38	284.88	2222.30	0.08	1899.25	640573	0.17	1.06	浙江
新民晚报新民网	14	0.22	419.64	129.86	696.76	0.02	549.50	78792	0.02	1.02	上海
南都周刊	6	0.10	978.33	341.83	1707.81	0.06	1320.17	957842	0.26	0.94	广东
vista看天下	7	0.11	585.71	178.86	967.40	0.03	764.57	770018	0.21	0.81	北京
新京报	8	0.13	370.00	134.25	656.49	0.02	504.25	720803	0.20	0.81	北京
21世纪经济报道	2	0.03	1504.50	423.00	2407.18	0.08	1927.50	893392	0.25	0.79	广东
青年时报	9	0.14	324.44	93.78	524.57	0.02	418.22	393091	0.11	0.76	浙江
有报天天读	10	0.16	175.60	47.30	276.54	0.01	222.90	171094	0.05	0.71	香港
南方人物周刊	1	0.02	1023.00	465.00	2015.31	0.07	1488.00	1088504	0.30	0.71	广东
中国企业家杂志	2	0.03	747.00	327.00	1444.82	0.05	1074.00	1089856	0.30	0.67	北京
胡锡进	4	0.06	1080.00	597.00	2354.00	0.08	1677.00	7997	0.00	0.66	北京
南都东莞	9	0.14	216.11	53.00	329.21	0.01	269.11	12520	0.00	0.62	广东
环球人物杂志	3	0.05	1382.67	337.00	2101.82	0.07	1719.67	124073	0.03	0.59	北京
时代报	8	0.13	168.13	47.63	269.76	0.01	215.75	96578	0.03	0.56	上海
创业邦杂志	3	0.05	991.33	273.00	1573.92	0.05	1264.33	101752	0.03	0.48	北京
记者的家	4	0.06	948.25	175.25	1322.23	0.04	1123.50	33415	0.01	0.48	上海
中国新闻周刊	2	0.03	1142.50	366.00	1923.54	0.07	1508.50	74568	0.02	0.48	北京
东方早报	5	0.08	230.20	106.20	456.83	0.01	336.40	247876	0.07	0.45	上海
秦朔	1	0.02	184.00	113.00	425.14	0.01	297.00	955550	0.26	0.39	上海
南昌同城会	4	0.06	294.00	68.00	439.11	0.01	362.00	61412	0.02	0.33	江西
环球企业家杂志	1	0.02	157.00	67.00	299.98	0.01	224.00	581103	0.16	0.26	北京
中国网新闻中心	1	0.02	628.00	163.00	975.84	0.03	791.00	12084	0.00	0.22	北京
博客天下	2	0.03	260.00	59.50	386.97	0.01	319.50	67740	0.02	0.20	北京

选择其中排名前十位（见表5—4）：

表5—4　　　　　　　　影响力计算 TOP 10 结果

排名	用户名	微博总数（条）	均转发数（条）	均评论数（条）	转发+2.134*评论	转发+评论	粉丝值（个）	归一化后的影响力计算
1	财经杂志	1	18280.00	4418.00	27708.01	22698.00	141325	5.10
2	新周刊	5	6335.00	2479.00	11625.19	8814.00	3619038	3.40
3	南方都市报	11	7263.18	2057.45	11653.79	9320.64	1481168	3.20
4	今日最新闻官方微博	63	187.41	45.16	283.78	232.57	55297	3.05
5	佛山日报	39	235.95	62.56	369.46	298.51	287866	2.60
6	成都晚报	39	235.95	62.56	369.46	298.51	287866	2.60
7	成都晚报	31	193.87	44.36	288.59	238.26	114800	2.03
8	新闻晨报	12	2955.92	805.08	4673.96	3761.00	943358	1.85
9	东方卫报	19	1865.56	289.22	2482.76	2154.78	315029	1.72
10	新快报	21	255.86	80.14	426.88	336.00	698246	1.58
11	南方日报	17	1063.82	269.00	1637.87	1332.82	72990	1.38
12	广州日报	15	510.13	127.73	782.72	637.87	985336	1.35

从结果呈现的前5名可以看出，模型对于考量因素（活跃度、传播度、覆盖度）都有较好的呈现效果。与影响力中最直观的传播排序的相关性很高（见表5—5）：

表5—5　　　　　　　　影响力与传播度的对比

排名	用户名	微博总数（条）	均转发数（条）	均评论数（条）	转发+2.134*评论	转发+评论	粉丝值（个）	归一化后的影响力计算
1	财经杂志	1	18280.00	4418.00	27708.01	22698.00	141325	1
2	南方都市报	11	7263.18	2057.45	11653.79	9320.64	1481168	3
3	新周刊	5	6335.00	2479.00	11625.19	8814.00	3919037	2
4	新闻晨报	12	2955.92	805.08	4673.96	3761.00	943358	7
5	东方卫报	19	1865.56	289.22	2482.76	2154.78	315029	8

续表

排名	用户名	微博总数（条）	均转发数（条）	均评论数（条）	转发+2.134*评论	转发+评论	粉丝值（个）	归一化后的影响力计算
6	21世纪经济报道	2	1504.50	423.00	2407.18	1927.50	893392	17
7	胡锡进	4	1080.00	597.00	2354.00	1677.00	7997	22
8	都市快报	8	1617.38	284.88	2222.30	1899.25	610573	
9	环球人物杂志	3	1382.67	337.00	2101.82	1719.67	124073	24
10	南方人物周刊	1	1023.00	465.00	2015.31	1488.00	1088504	20
11	中国新闻周刊	2	1142.50	366.00	1923.54	1508.50	74568	28

进一步通过单一话题进行检验，本书针对六个热点话题进行了检验，均有较好的呈现力，这里以其中"陈贤妹"话题点为例进行说明。

表5—6　　　　　　　　以单一话题检验模型对各因素的体现

用户名	微博数（条）	转发+2.134*评论	粉丝数（个）	按影响力公式计算	影响力排序	转发排序	评论排序	话题微排名	粉丝数排序
新民晚报新民网	5	7583.59	78792	0.53	1	2	2	1	（9万）
财经杂志	1	27708.012	141325	0.51	2	1	1	8	（14万）
新快报	4	2824.002	698246	0.40	3	4	5	2	8（69万）
扬子晚报	3	815.316	698246	0.26	4	15	10	5	4
成都晚报	3	2964.87	114800	0.24	5	3	8	5	（11万）
新京报	2	1178.026	720803	0.17	6	9	9	3	6
南方日报	2	2871.37	72990	0.14	7	5	3	3	（7万）
中国企业家杂志	1	1879.92	1089856	0.12	8	7	6	8	1
新闻晨报	1	1945.97	943358	0.11	9	8	4	8	3
vista看天下	1	2242.766	770018	0.10	10	6	7	8	5

将陈贤妹话题分别按照直观因素（发布时间、转发量、评论量、话题微博数、粉丝量）进行排序，并与公式测算结果进行对比后得到：

1. 影响力排名与转发排序相关度90%，与评论排序相关100%，与微博发布数相关90%。

2. 排序覆盖账号，与粉丝数排名相关度40%，与发布微博时间相关度10%。

以上结果与模型系数设计比重符合度较高，且与直观定性分析一致。

七　模型小结

本书尝试建立了较为完整的微博平台舆论领袖评价模型，由影响力计算公式和专家评价标准两部分组成，分别使用了数据挖掘和调研问卷的研究方法，并借鉴了计算机领域的网络相关度概念。模型较为完整，并以公共事件案例进行了解读检验。与国内其他用户影响力测算模型相比，本模型具有以下特点：

1. 强调模型应用的评价主体。对于任何一种评价系统，其评价主体决定了评价效果的有效性。因此，专家数据库的建立，使模型对应学界和业界所认知的舆论领袖概念，并通过相关网络度算法去除主观性后，从沉淀的结果来反推在评价的过程中"专家意见"所考虑的因素，将专家意见与设置的变量进行回归匹配后获得的加权系数则更贴近评价主体的要求。

2. 分类模型的处理。商业传播和公共信息在微博平台的传播规律大抵相似，但因传播目的不同，对其影响力的解析权重也不尽相同。即对传播度、覆盖度、活跃度维度的需求不同，因此对于不同类型的传播观测而言，应使用不同的专家数据库及不同的加权系数组。

3. 支持实时化。在既有的舆论领袖影响力测评中几乎均为后验的系统，即通过系统对过去一段时间内用户表现的数据总结。而在实时的系统设计对于网络传播活动的观察、稳定型网络舆论领袖的跟踪、即时型舆论领袖的涌现识别都是极为重要的，本书通过实时数据的产生对加权系数进行微调，满足实时性的需求。

就评价模型本身而言，尚存较多需要完善之处。

（1）理想的模型运行中，加权系数由专家评价结果进行设定，并在系统运行中通过大量数据的自我学习，在其自反馈系统形成不断对加权参数的调整修正，当修正值与专家评价结果相比超过了一定阈值，则需要模型的参数设计进行微调，或意味着传播规律有了新的改变（见图5—12）。

图5—12　自相关决策系统框图

（2）大数据量的分类检验。舆论领袖模型旨在对舆论的走势、舆论领袖的出现和作用进行预判断，从而帮助对舆论的理解。从这个目的出发，在实际应用中模型需经历海量数据的冲击，因此模型的稳定性、普适性还需要经过更多案例、更大的数据的调试，才能使模型科学和有效。

微博平台快速成长，使得网络舆论更加复杂多变，而无论是商业传播、政治传播还是公共传播，都需要以理性客观的方法来看待微博快速变化中的舆论形式，挖掘信息扩散、变异背后的推动力量、影响因素，从而才能使企业更好地进行整合传播、更从容地面对品牌危机事件；使管理部门更好地了解民意，发现关键舆论点，有的放矢地疏导舆论。虽然目的不同，但是剥去事件的外衣，平台机制和用户使用习惯、使用心理所带来的信息流动的本质规律是相通的。只有了解了规律才能使我们的传播活动、舆情监测更加高效、合理，而舆论领袖影响力评估模型的研究，目的就是为规律的探索提供最得力的工具。

第六节　从模型分析看微博舆论领袖
对舆论形成的推动作用

模型中将微博舆论领袖的影响力按照活跃度、传播度、覆盖度三个维度进行剖析,并衍生出七个独立可测量变量。通过对焦点事件引发的舆论热点梳理、卷入话题的媒体账号影响力测算评估,来看在舆论形成中舆论领袖具体的推动作用如何体现。

一　对舆论形成要素的回应

如第一章所述,在我们所讨论的舆论概念下,衡量舆论是否已经形成要素有八个,分别是舆论的主体(公众)、舆论的客体(现实社会及各种社会现象、问题)、舆论自身(直接或间接的意见表达)、舆论的一致度、舆论的强烈度、舆论的持续性(存在时间)、舆论的功能表现(对客体的影响)、舆论的质量(理智程度),其中前七个是判定舆论存在的必要要素。那么在微博平台,舆论领袖对舆论形成的推动作用即可表达为舆论领袖对舆论形成要素的推动和实现。

(一)舆论领袖对舆论主体的聚合

在案例实验中,清洗后的微博数据中有 7 条微博的转发量超过 1 万,63 条微博的转发量超过 1000,17 条微博的评论数量超过 1000。舆论的主体应是舆论中能够自主发表意见的人,通常他们在舆论调查的分析报告中是集合的,但在现实社会中一般是分散的。[①] 而在数字媒体时代,在微博平台转发和评论的个体可见并能够形成互动对话,同时舆论领袖带来的大量个体传播活动的卷入可以推动话题成为网络平台的热点,再经过热点的推送卷入更多的个体受众,并形成良性循环。在传统媒体时代,舆论的中心始终在城市,特别是大城市。因为人群的密集带来了舆论的主体的形态上的聚合。数字时代,舆论主体的形态聚合更多的以网络平台群体的形象出现,或穿梭于标签明确的网络论坛"房间",或在微博平台选择信息源主动参与信息的传播,有相对可见的聚合规模,彼此之间有联通的聚合渠道,因此能够围绕舆论领袖的信息产生带来舆论主体的聚合。

(二)舆论领袖对舆论自身(意见、态度等)、舆论质量的改变

在对小悦悦案例的分析中除了引发大量转发、评论等传播行为的"小悦悦被碾压""小悦悦去世"两个热点话题外,还有一些长尾话题因舆论领袖的意见表达而转为新的舆论点引发热议,如"南京彭宇案"

---

① 陈力丹:《舆论学——舆论导向研究》,上海交通大学出版社 2012 年版,第 33 页。

和"父母监护责任"两个分支话题。在公众情绪一致化倾向谴责不作为的过往路人时，舆论领袖的话题引导作用使事件本身热点产生变化，如表5—7所示，以"父母监护责任"为例从时间可以看出话题在事件高潮期持续存在，并在最热议点"小悦悦离世"后引发最多关注。网络受众的冲动、瞬时等特性使其在参与意见表达中表现出盲从和非理性特征，易受情感因素的支配，因此舆论领袖的理性思考将一定程度地改变舆论的推进方向，并使公众舆论质量提升，在互动中使网络舆论成为客观理智的民意的集中表达，最终推动舆论客体（事件本身）向舆论方向产生实质变化。

表5—7　　　　　　　　　"父母监护责任"话题数据

用户名	转发数	评论数	发布时间	粉丝数
21世纪经济报道	2759	706	2011/10/21 11：12	893392
南方都市报	2364	874	2011/10/20 11：05	1481168
南都东莞	783	196	2011/10/24 7：53	12520
沈阳晚报	226	67	2011/10/19 8：58	285601
信息时报	191	72	2011/10/21 11：24	449459
南都顺德	118	90	2011/10/20 18：25	6685
人物杂志	69	37	2011/10/19 9：32	5011
南方都市报	24	31	2011/10/20 11：15	1481168
新民周刊	45	12	2011/10/20 12：38	170040
钱江晚报	32	16	2011/10/19 13：41	932973

（三）舆论领袖聚议量的量化表现

舆论领袖的引导作用将局部舆论衍化为社会舆论，在社会舆论形成的最后阶段是舆论领袖的重要言论把社会的局部意见聚合为整体。在传统媒体环境下，舆论领袖即承担了这样扩大聚议的作用，数字媒体环境下，通过裂变式传播舆论领袖进一步拥有了在短时间内扩大舆论卷入规模的能力，并通过聚议量的扩大，使舆论趋向一致化的过程中所需的沟通对话拥有更广泛的基础。模型分析中覆盖度的参数设计即体现了舆论领袖在舆论形成中对聚议量提升的重要作用。

二 对舆论传播特征的回应

反映舆论是大众传播媒介的重要功能之一。传统媒体是整理反映舆论的重要平台,而数字媒体则成为舆论自然呈现的平台。在舆论的自然表达中,其呈现的传播特征主要有表层性、动态性、弹性、惯性和张力。舆论领袖对舆论传播的作用集中体现在表层性和动态性上。

(一) 舆论的表层性

舆论表达处于社会意识的表层,并非有形的、稳定的社会意识,它是随着人们对环境和事件本身的感知而不断变化的,而道德、法律、哲学等深层意识处于社会意识的底层是较为固定化的思想形态,人们系统理智的思考和理解才能感受到他们的存在。正因为处于社会意识的表层,舆论才存在传播方式的即时性、外向性和发散性。数字媒体平台的舆论领袖参与了舆论对最新的社会动态和客观现实的反映,在对最新信息的获取和发布的同时成为引导舆论方向的领袖。舆论是社会整体意见趋于一致的意识体现,因此其形成的基础在于广泛的个人意见的表达,而数字媒体平台恰恰提供了这样的功能,使每一个有能力发表意见的个体通过传播能力的获取而成为舆论主体的一员。在这个过程中,也就赋予了每一个个体通过意见表达成为舆论领袖的能力。可以说,舆论的表层性与数字媒体平台的技术特征相吻合,给不同的社会意见表达以渠道,并给予个体成为舆论领袖、聚合相同意见人群的平台。

(二) 舆论的动态性

舆论作为具有表层性的社会意识,其在社会空间中的扩张和缩小的流动能力体现为舆论的动态性。具体表现为时间动态性、空间动态性、主体动态性和内容动态性。网络平台抹平了物理距离,使舆论的空间动态性最大化,在小悦悦事件发生的当天即引发了多省份的受众和媒体关注。时间的动态性表现为同一话题在时间上的延续或改变,如案例中"道德谴责"这一舆论热点贯穿事件始终,而也有一些热点话题随着舆论领袖的信息生产此消彼长,使话题不断变化,将舆论向前推进,最终形成事件整体的"话题树"全貌(见小悦悦案例梳理部分)。此外,引导不同话题的舆论领袖所携带的直接粉丝群体的不同，使卷入不同话题的受众群体不同，而在卷入舆论的过程中，个体受众又将获得更多信息源、舆论领袖的意见表达，从而产生新的订阅、跟随关系，在新的话题形成中被卷入，即为舆论主体动态性的体现。

第六章 微博舆论领袖在舆论管理中的价值

　　微博以超过 4 亿的用户每天产生超过 1 亿条信息,在焦点话题中单条 140 字的文本瞬间可凝聚数万用户的关注和主动参与传播活动,可以说是一个持续高位运转的舆论池,且用户活跃度较高平稳的表面下水流湍急,这些使舆论池蕴含的能量极大提升,这就意味着有时看似微弱的扰动即可能引发巨大的舆论波动。同时,微博所呈现的网络舆论形成具有非理性、瞬时性和娱乐性的特征。

　　1. 非理性。微博的系统是开放的,因此在信息繁荣的同时也体现出快餐式信息从信息生产、信息流通到信息消费环节中的非理性一面。在享受海量信息的同时,用户在生成微博 UGC 时,往往忽略了作为自媒体微博文本的生产的用户既是编辑又是自身的把关人,罔顾信息的真实性、安全性使信息进入传播通道。如 2013 年 2 月 17 日新浪微博上一名高中生为求粉丝而盗图发的超速行驶微博(转发过万),引起深圳交警官方微博关注并予以警告。2013 年 1 月 1 日起,《中华人民共和国刑事诉讼法》将电子证据纳为合法证据,则微博信息的真实性、准确性将引导用户回归理性。在微博信息的流通和消费中,微博内容呈瀑布流形,因此需要使用者在阅读一条信息的几秒钟内即做出对信息的处理,大量信息的短时间处理以及订阅的认同心理则导致"转发"参与进一步传播活动的非理性。

　　2. 瞬时性。媒介为受众构建现实,抹平了实际存在的真实现实和媒介现实之间的关系,而受众在碎片化时间中阅读时间短,信息从识别到形成观点所需的时间缩短又使其在"转发"或"评论"时抹平了媒介现实和受众主观现实之间的关系。微博又因其信息碎片化、信息数量大而字数有限使得单一信息的准确度及信息量低,此外,自媒体的特征把关人角色由用户自己扮演导致进入流通渠道的信息的真实性、准确度再次降低。因此，在用户接收信息并转发的瞬时，媒介碎片化信息呈现的现实即更大限度被受众内化为主观现实。这种瞬时的效应具有较强的首因特征，但同时当用户接收其他媒介（如深度报道等）不同的信息特征或将引发用户对媒介现实的再思考，重塑主观现实。也因此成为微博舆论议程转移和变异较快的原因之一。

3. 娱乐性。微博信息的短平快顺应了人们碎片化的信息消费时间需求，而碎片化的信息顺应了娱乐性的信息消费，却与严肃阅读存在距离。同时，调侃和娱乐文化充斥网络世界，今天的网络虚拟空间中，想严肃地讨论某个政治事件已成为一种奢望。① 哈定在《公地的悲剧》一文中讲述了这样一个故事：英国封建主在自己的领地中划出一片土地作为"公地"，无偿向牧民开放。但由于是无偿，每个牧民都在公地上过度放牧，导致公地"超载"而荒漠化，牧民的牛羊也全部饿死。微博空间看起来正好是这样一块"免费的公共空间"。② 2011 年引起社会广泛关注的"胡丽天事件"就是一个典型的案例。七年间 23 次在随机抽签中被选中为听证代表的成都人胡丽天，被怀疑是当地政府部门的"托儿"，引发网络对参与公共决策机制的质疑。但事后证明，是报名人数不足才导致同一人不断中签的。③ 网络的热点中娱乐性心理不仅体现在明星花边新闻和体坛新闻中，也体现在"凑热闹"式的微博"参政议政"舆论中。

微博舆论的如上特征，使微博平台焦点话题的出现和舆论领袖的出现可控性降低，同时，也可以从这些特征出发进一步理解微博舆论领袖在舆论管理中的价值。

第一节　三类舆论领袖在信息传播、舆论形成中的现实意义

在对微博舆论领袖的分析中，三类微博舆论领袖因其特点和影响力

---

① 刘远军：《论网络空间"身体超重"与"精神家园"重构》，《编辑之友》2011 年第 12 期。

② 王彩苹：《微博构建的媒介现实》，《行政管理改革》2012 年第 4 期。

③ 庞清辉：《听证"达人"胡丽天：网友指桑骂槐，我就是那桑树》，《中国新闻周刊》2011 年第 27 期。

来源不同而在舆论形成的过程中"各司其职",各自设置议程,且议程间彼此交互影响,合力使微博舆论呈螺旋式上升。

一 官方微博、名人微博、草根微博的作用

(一)官方微博

舆论领袖能力主要源于其"官方特征",信息的可信度,重要事件中信息的深度、即时性。通常粉丝量稳定,转发和评论数量相关度较大,传播范围与内容话题关系密切。在重大社会事件中,进行相关消息披露、报道的官方微博会获得粉丝量的激增。内容原创程度较高,多为事实的呈现。其中媒体类官方微博会有评论性意见导向。

(二)名人微博

此类微博的内容原创程度通常都较高,领袖能力来自明星效应及个人人格魅力。其中明星类微博的粉丝数目高于其他类型的名人微博,内容中任何话题都能引发粉丝大量转发。而公益类信息通常会得到其他类型名人微博的接力转发,从而带来较大的影响力。

(三)草根微博

草根微博中的休闲类账号粉丝量远高于其他类型草根舆论领袖。娱乐类原创内容稍低,多为转发或转发加入评论,内容获得的转发很高、评论较少。而个人记录类原创程度较高,是普通用户逐渐扩大影响力的结果,但粉丝数量是三类舆论领袖中最少的。其中公共事件中的个人草根微博在短时期内聚焦较多关注,内容呈现出较大传播影响力,但影响力很难持续。草根舆论领袖在三类中的影响力是最弱的,通常较少进入焦点舆论事件的公众视线中,但其具有较大的潜在商业植入的空间。

官方微博在舆论中通常发布权威信息、跟踪事件进展。目前在公共事件爆发后的相关舆论中,相关职能部门和媒体已经将微博平台的信息发布的及时性、准确性作为事件处理的重点,并承担了在舆论中对混淆视听的虚假信息的澄清和辟谣作用。名人微博在事件信息的传播中起到最大的扩散作用,在事实信息的转发中多加入个人的评论,并以价值判断聚集持相同意见的受众,并与"评论"及不同意见进行互动和辩论。当事件除尖锐性、敏感性还具有分歧性时,持不同意见的"名人微博"之间的互动和辩论将引发影响力叠加的最大化,带来舆论的危机。草根微博舆论领袖除事件当事人微博具有短时期的舆论引导作用外,其他类

型舆论领袖对于舆论整体的影响微乎其微。

二 在舆论形成中的相互作用

通过认证的名人微博，通常对于自己转发内容的真实性非常重视，因此在舆论形成中，信息源的选择通常来自官方微博。根据官方微博提供的事实依据给出回应或质疑，对于传统媒体的信息报道通过转发或在意见表达中主动@相关媒体，来发表针对性的意见。而其中的部分知识分子的批判性、理想主义融合下的分析视角，通常会对政府组织官方发布内容及传统媒体官方发布内容产生巨大的推动力或反作用力，同时吸引大量受众关注官方微博的信息。政府组织和传统媒体对于名人微博带来的冲击和挑战多不做正面处理。因此，概括来讲，在舆论形成的过程中，信息的流动趋势从官方微博流向名人微博进行分流，一部分流向受众不断进行二级传播扩散，一部分回流向官方微博终止流动，而反作用力主要表现为名人微博以其鲜活的人格、明确快速的意见表达携带受众带给官方微博的压力。草根舆论领袖中的事件当事人与名人微博间的互动作用也较强，而其他类型草根舆论领袖的舆论参与度较低。

三 传统媒体与新媒体信息的相互作用及其影响力

（一）传统媒体官方微博的基本呈现方式和信息特征

目前我国诸多省份的主要纸媒都已开通其微博账号，将其作为纸质版媒体影响力的延伸、官方网站的关注力摆渡船等。传统媒体在微博平台的意见表达在"官方性"之下有许多约束。生成信息主要为纸媒的信息摘要，与受众和其他纸媒观点的互动均显缺乏，保持了纸媒一贯的语言风格，与受众匹配的话题和表达形式运用不足。整体来看，纸媒官方微博的粉丝数目相当可观，说明在数字平台信息纷杂的情况下，受众对于纸媒的信息权威性的认可。于是如何利用其权威性，同时结合微博平台受众习惯扩大影响力是传统媒体官方微博亟待解决的问题。

（二）传统媒体官方微博作为独立舆论领袖的影响力分析

微博平台的信息庞杂，而受众无法在短时间内建立起判断和梳理信息的能力。于是传统媒体的信息真实性、可靠性成为其影响力的根本。在网络谣言防不胜防、难以识别时，在受众对于获取的信息有所质疑的时候通常会关注纸媒是否有意见表达，这一点表现为在焦点事件中评论绝大多数基于转发传统媒体官方微博账号的新闻内容。

此外，无论全国性媒体还是地方性媒体其纸质版的发行量、受众知晓程度直接对其官方微博账户的粉丝数量有着正相关的影响，如上海的《新闻晨报》和广东的《南方都市报》等拥有较好读者基础的纸媒在其官方微博开通之初即拥有了较多粉丝。

（三）纸媒官方微博的内容表达与纸媒表达差异显著

（1）纸媒内容发布以天为单位，微博平台的信息瞬息万变，关键信息精确到分秒。同时，微博受众阅读的碎片化时间，使得要增加受众黏着度需要相对提高每天的内容发布频率。（2）传统纸媒表达固守其设定的表达范围，比如涉及的新闻类别、地域类别等，但是微博平台的信息具有扁平性特征，官方微博需要对相对广泛的内容涉猎并有选择地及时回应、向受众传递信息。（3）传统纸媒以其深度报道能力见长，但微博平台140字的限制，局限了其深度解析的能力。如何综合以上内容表达形式上的差异，延续和突出纸媒原有影响力因素是延续其微博生命力的关键之一。

此外，微博平台的互动性是提高用户卷入度、黏着度的重要特征之一。而传统媒体官方微博限于其"传统形象"，个性化、拟人化特征不足，与粉丝的评论的回复互动极少，与其他媒体对于事件观点的评论交流和转发互动极少，放弃了许多引导舆论的时机。整体来说，"二级转发"是新媒体传播能力的表现形式，而其真正的影响力源泉在于信息的自由表达和用户之间的自由互动。传统媒体必须理解新媒体平台的多元性和互动性，针对自身特点进行调整，才能扬长避短将自身影响力最大化。

四　传统媒体与新媒体舆论领袖的对话策略

传统媒体纸媒形式的议程设置在数十年的实践中已经比较成熟，面对在新媒体时代日益短平快的信息消费趋势，传统媒体主动走上微博平台，并初步站稳脚跟。新媒体的两个重要特征是互动性和碎片化。传统媒体想要把握舆论的主动权就应该充分理解和运用这两点，与受众进行对话，为碎片化的需求提供多样化的话题和观点。不能拘泥于纸媒的内容表达，而要将官方微博打造成话题和观点的大舞台。在舆论的序幕缓缓拉开之初，就做好丰富的剧目（话题）准备，保持和观众的良好互动，才能成为舞台的掌控者，引导观众进入剧情。

如何在微博平台实现传统媒体舆论领袖与微博舆论领袖的"对话""互动"？

（一）微博平台的娱乐快餐特征、话题的衰减与共振效应

微博信息的爆发具有瞬时性、不可控性，这是它带给舆论解读的最大难点，但同时微博平台也具有信息衰减迅速、话题热点层出不穷的特征。因此，微博平台的信息消费呈现娱乐快餐特征，单一话题的生命周期短，但是对抗性话题、争议性话题极易引发共振效应，即舆论领袖同时发力引发影响力在短时间的爆发，对整体舆论形成重大影响。

（二）内容的表达形式。要研究大众性、地域性、趣味性舆论中的受众心理需求

针对以上特征，理解微博平台的信息规律，第一，要对舆论进行有效的引导，就应在希望的方向培养和发现舆论领袖，使话题在所引导的方向爆发力更强大，而使其他的舆论分支逐渐衰减；第二，要理解和响应平台对于大众性、地域性、趣味性的需求，从受众心理出发结合在具体的话题中选择恰当的表达方式；第三，要区别传统媒体议程与传统媒体官方微博的话题选择，话题要趋于一致，但在观点表述和内容呈现中应各有侧重。官方微博在呼应纸媒观点的同时，纸媒也应就网络平台舆论热点做出相应反馈，由此制造话题波峰相连，从而避免设置的"议程"很快衰减。

第二节　社会突发事件中，微博舆论 领袖与危机传播管理的关系

当微博成为全媒体环境中舆论形成的不可忽视的阵地时，危机传播管理也因网络带来的舆情危机，甚至导致社会群体事件危机的频发而引起广泛关注。在经济高速发展带来的社会矛盾逐渐积累并趋于激化的社会转型期，作为政府，如何应对自然灾害、群体事件、社会安全事件，如何在做好预案和处理问题之余，将危机传播策略、预案提上日程，已经成为政府危机管理课题研究中不可缺少的一环。随着信息技术手段的不断发展，危机传播管理逐渐成为政府危机管理中的重要分支，它关系着社会安定、政府形象、和谐社会的建设进程。

总之，危机传播就是以传播学为核心，以政府、媒体、公众为主要研究对象，将传播学中的一些理论、观点和方法运用到危机管理中，在全社会进行信息沟通和交流的一个过程。危机传播的理论范式主要有管理学、传播学和公共关系学，不同的学科可以从不同的角度进行分析。[①]

在舆情危机中，舆论领袖的作用凸显，其角色类型包含：事件的报道者（含组织官方和民间报道）、事件的解读者（含组织官方解读和民间公共知识分子解读）、事件引发的分支话题（主要为民间舆论议程）。在事件事实的发生前、发生、发展、尾声相对应的危机传播潜伏期、突发期、蔓延期、解决期，舆论领袖对舆论的引导作用是不同的，官方和民间舆论领袖的着力点亦有不同。

一　微博舆论领袖在事件发生、事件发展等各个环节中的作用

在突发事件中的舆论领袖以危机组织为视角，可分为官方舆论领袖和民间舆论领袖，而危机舆情的产生或由于官方引导失去通过主流媒体有效建立官方舆论领袖的机会，或因官方舆论领袖的议程设置与民间舆论领袖所代表的民间舆论热点产生矛盾。然而，微博所代表的网络舆论形成具有非理性、瞬时性和娱乐性的特征。在事件的发生期，微博舆论领袖主要为事件的曝光者，或来自于媒体官方微博或来自于普通用户的信息披露。通常在这一阶段舆论的焦点在于事件细节，而一旦媒体报道与民间信息产生矛盾，舆论将进一步激化，议程也会从事件本身开始向外围话题发展变异。而在话题的演变所带来的舆论方向的改变、议程设置的改变也必然是重要节点议程输出带来的影响。如上海"11·15"大火案中，韩寒代表了大火初发时的舆论领袖，作为现场的目击者肯定了草根用户猜测的浓烟大火使舆论进入快速爆炸期，而六天后网络舆论从讨论责任、祭奠死者到组织现场献花这一过程中，上海小说家夏商和草根用户王小塞即是扭转舆情的明确舆论领袖，提出文明献花的祭奠方式并组织号召大家共同参与。正如爆炸亦有其引爆点一样，微博舆情的爆发一定有关键的节点作用，当话题经过节点，由于关键节点的意见、

---

① 阮璋琼：《危机传播研究关注的主要议题——危机传播研究综述》，《东南传播》2007 年第 11 期。

内容生成而引起话题转向或爆发式传播时，则这样的关键节点就是危机事件中的舆论领袖。

二 微博舆论领袖对于社会进步的推动作用

（一）是打通两个舆论场的有效通路，减少两个舆论场间的议程冲突

两个舆论场若长期对立，则意味着一些社会问题没有有效的出口，势必引起社会矛盾的加剧，则导致存在潜在的社会群体事件。公众在对危机事件的讨论中必然带有社会底层矛盾的信息，而在民间舆论场舆论领袖通过微博对话、粉丝传播将这种矛盾聚集、提炼并表达为其中最迫切、最尖锐的话题。而这类话题则恰恰是官方舆论场和民间舆论场应形成沟通的议程。而这类问题在微博出现之前，主流媒体的议程设置渠道主要为电视和报纸，民间舆论的渠道主要为网络论坛，而这二者之间并无直接的通路相连，使得议程的设置虽属于同一主题，但距离较远，彼此之间没有互动，也并没有因为信息的输出而减少矛盾的累积。微博的出现，因其短时间内积累了海量用户并形成了舆论池，在本身的草根属性的基础上，媒介信息平台的基本属性也使中央、地方各传统媒体纷纷开通了其微博账号，在同一个平台上，无论是个人还是组织，无论具有新闻采写牌照的媒体，还是握着智能手机的草根用户对信息的发布和选择权力平等，首次搭建了一个传统主流媒体与民间声音的直接对话平台。在这个平台上，传统媒体的官方微博因带有信息权威性的基因而具有天然的舆论领袖能力。当一个热点话题产生，传统媒体舆论领袖和微博因舆论领袖同时输出观点，普通受众则可同时收听双方的信息，看到并参与双方议程的延伸。信息的流动是互动的基础，互动是对话的一种积极的表达形式。因此，微博是打通两个舆论场的有效通路，而微博平台上的传统媒体舆论领袖、民间舆论领袖之间的议程互动将有效地减少议程差异和冲突，形成两个舆论场的对话，为舆论环境的动态稳定奠定基础。

（二）信息的草根性特征，使真正的社会矛盾得以凸显，有利于找到解决途径，为社会隐藏的病灶提供出口

微博平台每个人都是自己的自媒体内容经营者，对于每一个用户，订阅的信息是主动选择信息源，因此即使是转发信息，每一则内容生成

也都是自己的选题、策划、编辑，在按下"发送"按钮之前是对自己信息传播活动负责的唯一把关人（网络敏感词的过滤不在此书讨论范畴）。因此，微博舆论的形成是来自4亿用户的真实表达，这个平台使信息扩散，并聚合关注同样议程的人，最终在具有同样关注议程的人当中会涌现出若干问题的代表，因突发相关的极端事件，如江西强制拆迁受害者钟如九开通微博求助维权，或因代表一类人进行诉求如非上海户籍的要求"异地中高考权力"的15岁女孩占海特，都成为舆论领袖。这类舆论领袖表达个人或集体诉求，在微博平台引发广泛传播，为社会持续酝酿的矛盾与问题找到主动表达、引发关注的渠道，并成为此类问题的"代言人"，其微博内容的生成关于自身问题的描述成为公众了解和关注矛盾话题的入口，也将此类问题引起管理部门的重视。将社会隐藏的病灶及时呈现，并通过引发关注寻求解决最终为社会矛盾减压，因此凸显其舆论领袖特征。

（三）探索新的民众参与下的社会管理模式，鼓励大众从讨论到参与社会问题的解决

2010年被称为微博元年，仅一年之后的2011年被称为政务微博元年，政务微博的开设和管理绩效成为政府工作考量的重要指标之一。政务微博是微博带来的民众参与下的社会管理模式的重要突破之一。随着政务微博了解民情贴近民意解决问题的职责的深入，一批知名的政务微博账号也成了有力的舆论领袖，如"@平安北京""@上海发布"有效地形成管理者与公众的信息互动。2013年2月17日，深圳一名高中生为吸引粉丝发布了虚假的超速飙车图，深圳交警官方微博很快发现并表示立即追查，此举受到网友热议，大家一致支持对危害公共安全的治理行为。可以看到，新的社会管理模式正在因微博的出现而不断成长，也因微博的平等对话平台缩短了民众与管理者之间的距离，提升了公共管理中的民众参与。除政务微博外，还有如"@大爱清尘""@微公益"等公益类职能舆论领袖，这类舆论领袖以组织的形象出现，参与公益类话题的传播活动，并从引导此类话题的提出发展为聚合公益力量促成线下实际活动的开展。将意见聚合转化为行动聚合，简化了公众参与此类事务的流程、降低了参与门槛，使网络的转发带来广泛的关注，由小金额的善款开始，借病毒式传播带来量的累积，最终形成较大的公益力量。让公众从空谈的讨论中回

归参与现实问题的解决，通过微博行动领袖力量也使人们在海量信息的冲击下回归理性、回归现实。

三　突发危机事件中的舆论领袖策略

（一）通过首印效应塑造主动出击的官方舆论领袖

突发事件发生后，在"第一时间"发布信息，可以抢占舆论先机，避免谣言，掌握舆论主动权。否则，在舆论上就会陷入被动。在危机发生后，公众的大脑对于事件一片空白，心中有许多疑问，如果得不到及时、准确的信息，公众就只能凭猜测和推断，或到处打听小道消息，并且由于生命安全受到威胁而丧失安全感，人们往往会做出夸大性的猜测和推断而产生恐慌，甚至还会出现不理智的行为。因此，能否及时填补公众大脑的空白对澄清事实、稳定民心非常重要。

在当前的网络条件下靠封锁消息只会激发负面舆论的更大反击。当民众的传播手段越来越快捷方便，在危机事件频频发生后，普通民众先于媒体通过个人微博发布消息，成为媒体和公众了解事件的重要信息源。第一时间如何发声，对于危机事件主体的舆论控制而言是非常重要的。如2010年南京发生公交车爆炸案，几小时后即召开新闻发布会，主流媒体迅速跟进通过报道和解读官方声音扮演了舆论领袖的角色，主导了信息传播的方向，消除了不确定性，舆论声音被发布会的内容所指引回归理性。而在央视大楼失火的案件中，网络舆情中的主导情绪是对事件充满嘲弄的"幸灾乐祸"，占据被调研人数的55.5%。当缺少了组织主导的官方意见的输出，使具有较强即时性冲动性的网络声音成为主流，在"沉默的螺旋"效应下再想改变难度就会有所增加。①

（二）借定媒体稳定的舆论领袖影响力，以事实细节回应舆论

在危机事件的发生过程中，由于智能手机的普及，除组织官方信息的发布（如官方微博、新闻发布会等），与事件相关的网民也会通过图片等加入对事实的报道，同时一些关注社会民生问题的知名博主将参与到事件的解读和问责中。而微博的信息快餐效应依然存在，《中国青年报》曾有形象的描述：微博网友经常 Listenhalf（听一半），understand

---

① 喻国明、陈端：《危机传播的法则与艺术——以央视新台址大火的网络舆情危机及处理策略为例》，《新闻与写作》2009年第1期。

quarter（理解四分之一），think zero（零思考），却做出了 react double
（双倍反应）。这一过程形象地体现了信息快餐中人们接触—认知—形
成观点—指导行动的异化模型。因此，当信息的到达量因媒介特点而减
少，则需要在信息源给予更为充分的信息补充，即深度报道。传统媒体
在资讯的权威性、事件解读、材料组织等方面的优势使其在网络信息平
台上仍然延续了线下媒体所具备的稳定影响力，特别当民间舆论场因信
息不足或信息矛盾产生争议时，传统媒体通过翔实的内容进行回应则更
容易获得受众信任。如在小悦悦事件中，视频、就医过程等事实细节的
关键节点获得最大传播度的信息源均为传统媒体微博。求证，是在复杂
舆情中网络受众对传统媒体的主要诉求之一。

（三）充分了解民间舆论领袖的议程，避免冲突，争取互动

在公共事件引起的危机传播中，如果组织官方议程与媒介议程、民
间议程三者之间产生冲突，则将激化民间舆论中就某一个话题点形成信
息茧，信息因得不到外界议程的有力互动形成无形的壁垒，所以信息只
能在信息茧中传播，并形成正反馈随传播活动意见不断加强。随着意见
加强，壁垒不断加厚，则外界议程想要进入或改变内部议程的难度增
加，也因此使信息茧内外的议程对立程度、差异化更大。这种对立的扩
大极易引起网络情绪的失控，带来更大的危机。因此，在危机的传播管
理中，官方议程应主动了解民间议程和媒介议程，找到三者议程的差
异，了解舆论领袖议程设置的逻辑，寻求合理的议程共通点，形成舆论
领袖间的互动，避免冲突、避免信息茧的形成、避免对立议程的扩大。

第三节　注重传统媒体在微博平台
舆论领袖作用的培养

一　传统媒体在微博的舆论领袖分类

传统媒体在微博平台的舆论领袖一般均为实名认证的加 V 用户，在
其个人说明中有明确的媒体属性，主要分为组织和个人两类。

（一）媒体官方账号（单一/集团化）

大部分媒体在微博以官方账号出现，官方认证 V 是蓝色。单一的媒
体官方微博如@ 人民日报、@ 新闻晨报。集团化的账号一般来自于市场
化运作的集团化下相对独立的媒体，如南方报业集团下的@ 南方周末、

@南方人物周刊、@南方日报。另有一种集团化的微博沿用了传统媒体按条线划分新闻的方式，对一家媒体下的不同条线新闻分别设立官方账号，如@新民晚报新民网、@新民晚报社会新闻、@新民晚报评论、@新民晚报焦点新闻等，对生产的新闻内容进行细分，服务细分市场受众。

（二）媒体记者（从业者）账号

记者媒体账号在传统媒体微博舆论领袖中占有非常大的比例，官方认证 V 是黄色。他们通常是传统媒体的记者、主编、主持人等身份。尽管通常在其 UGC 内容生成中会表明个人观点不代表所在媒体的形象，但在受众的信息解读中，会将组织形象特征赋予个体账号，使增加对其信息的信任度。比较知名的如第一财经主编@秦硕、上海记者@宣克炅、香港凤凰卫视@闾丘露薇。他们的微博内容通常关注公共事件的舆论热点，因其媒体人的身份以及对资讯信息的掌握，使其在舆论事件中往往成为舆论领袖。

二 传统媒体在微博中的意见表达

这里主要指传统媒体的媒体组织本身的意见表达。对于媒体组织而言，立体的舆论空间包括传统的线下内容、媒体网页版内容和微博内容三个板块，三个部分在内容上有相通之处，同时因各媒介平台特点的不同在内容组织上存在一定差异。

（一）微博平台的内容生成

微博官方账号的内容通常分为三类：媒体线下版本的摘要、浓缩，对其他媒体新闻资讯的转发以及对新闻事件的评论观点。微博平台的内容以 140 字的生成最为重要，既要体现媒体的新闻制作能力，又要与众多的媒体信息有所区分，形成个性化微博。如@新周刊微博运营中注重拟人化的风格的保持，不仅在微博平台赢得了 600 万粉丝关注，其线下实体杂志的销售量也随之上涨，线上的影响力与线下影响力形成互补。

（二）线上媒体官网的内容生成

不同媒体的官方网站在内容制作中，同一事件话题的同质性较强。官方网站通常成为现在媒体的复制版本，信息和话题的细分程度较高、话题深度强且整体的信息覆盖面较大，成为新闻资讯类信息重度消费者的首要选择。

（三）线下媒体的内容生成

线下媒体的内容生成是传统媒体的生存之本。当越来越多的数字化媒介平台涌现，信息的传播途径和传播规律不断改变，但唯一不变的是受众对新闻信息的需求。无论信息的内容在哪个平台进行传播，内容的制作都是根本，而专业的内容制作恰是传统媒体的影响力之本，也是其进行议程设置、打造线上舆论领袖影响力的保障。因此，传统媒体的传统形式的内容生产，除了应了解受众需求和借鉴网络议程，更应着力巩固自身的内容优势。

三　传统媒体在微博时代的影响力塑造

公共领域日渐发达，公民进行自主、自由信息表达的途径和平台不断开放，微博是其中的典型代表。但与此同时，由于把关人的缺失，微博信息的真实性、公共性、合法性等方面的问题凸显，2011 年出现的抢盐风波、山西地震谣言等。在 2012 年更是因引发 28% 的社会谣言，被称为社会谣言的首要发生地，[①] 这些都为网络信息稳定和社会稳定产生了极大的冲击，降低了微博信息可信度的影响力。而在此时，传统媒体的把关人制度则使其依然保持理性和观点平衡。传统媒体的影响力体现为：

（一）从业者的职业能力

传统媒体的信息编辑者经过了专业的职业训练，记者持有代表职业能力的采访证。使传统媒体的内容生成遵守新闻的制作原则，如"真实是新闻的生命"，在采写编评的职业能力形成中，确保了传统媒体信息的可信度，为受众呈现的媒介现实更接近真实。

（二）行业道德规范

信息传播活动需要遵守相关的法律法规，如有意制造网络谣言形成社会危害的，在我国将被追究法律责任、信息的发布和传播中需要尊重隐私权、文字图片知识产权等。这些对于普通的网络用户而言常常被忽视，而传统媒体对行业道德规范、法律的严格遵守也将成为对微博平台用户网络行为规范教育的示范，对引导理性、客观的舆论表达有所帮助。

---

① 谢耘耕：《中国社会舆情与危机管理报告（2012）》，社会科学文献出版社 2012 年版，第 5 页。

（三）信息渠道优势

在广泛关注的焦点事件中，传统媒体依然拥有在信息获取渠道的优势，将这一优势与微博平台的传播机制有益结合，及时满足公众的信息需求是传统媒体影响力的重要成因。2011 年有近 1/4 的舆情事件是由报纸披露并引发巨大影响的，如故宫失窃案、河南洛阳性奴案等事件［中国社会舆情与危机管理报告（2012）］。

（四）官方组织形象背书

传统媒体的官方组织形象背书，有其与公众议程互动中的不利之处，但同时也为其信息生产的权威性、准确性提供了保障。

把握以上四点，微博时代传统媒体仍然能在舆论的引导中表现出一定优势。遵循信息的市场规律，尊重草根公众的信息需求。主动寻求与微博舆论议程的互动，则能够将原有的影响力优势放大并移植至微博平台。在内容的运营上，传统媒体应更深入挖掘微博用户的信息消费体验，在传统的深度报道优势与快餐化信息的时效性中找到平衡。此外，微博平台应注重个性化建设，避免新闻内容不断转发带来的内容同质化，影响受众体验，鼓励专职化运营，为传统媒体定制全新的微博身份。

在以广东佛山小悦悦事件为例对传统媒体的微博和线下版的对比研究中，可以看到当下传统媒体线下版本的话题覆盖面远大于其微博平台覆盖的舆论热点，以《新闻晨报》《南方都市报》两家在事件中体现了较强影响力的报纸为例，对同一时间段内的纸质所有报道和微博内容所有报道对比发现，纸质版几乎回应了所有网络热点话题，但意外的是，其微博表达虽然在数量上超出纸媒，但在舆论热点的参与上却显得并不积极。① 如表6—1、表 6—2 所示。

表6—1　　　　　**小悦悦事件《新闻晨报》线上线下表达对比分析**

发布时间	官方微博发布微博（条）	纸媒发表文章（篇）
2011 – 10 – 16	1	0
2011 – 10 – 17	2	1
2011 – 10 – 18	1	1
2011 – 10 – 19	3	1
2011 – 10 – 20	1	1

---

① 表格参考 2012 年度复旦大学广告系舆论领袖课题小组研究报告。

续表

发布时间	官方微博发布微博（条）	纸媒发表文章（篇）
2011 – 10 – 21	1	0
2011 – 10 – 22	1	2
2011 – 10 – 23	1	0
2011 – 10 – 24	0	1
2011 – 10 – 25	0	1
总数	11	8
话题覆盖（个）	9	16

表6—2　　小悦悦事件《南方都市报》线上线下表达对比分析

发布时间	官方微博发布微博（条）	纸媒发表文章（篇）
2011 – 10 – 16	1	0
2011 – 10 – 17	2	1
2011 – 10 – 18	1	1
2011 – 10 – 19	3	1
2011 – 10 – 20	1	1
2011 – 10 – 21	1	0
2011 – 10 – 22	1	2
2011 – 10 – 23	1	0
2011 – 10 – 24	0	1
2011 – 10 – 25	0	1
总数	11	8
话题覆盖（个）	9	16

　　这一现象体现了当下传统媒体对其微博内容运营尚不成熟，在现有的新闻生产流程下，对于网络热点的及时回应稍显拘束。但同时也可以看出，传统媒体的话题覆盖能力体现出很强的新闻业务能力。在微博舆论的冲击下，有力回应仍是舆论交锋的重要呈现平台。

　　在2010年微博元年之时，微博平台上的传统媒体很少并在内容方面主要是传统内容的减缩版，在网络舆论诸多议程中，传统媒体固守其线下版本的议程表达，而缺席网络舆论热点。随着网络舆论对社会影响的加剧，传统媒体也以越来越主动的态度参与当下的舆论热点表达中。

截至 2012 年 12 月 27 日，新浪微博平台已经有 17221 家媒体机构和
92945 位媒介从业人员的微博开通。[①]

在舆论事件的发展中，传统媒体的舆论表达体现为线上表达和线下
实体表达两部分。线上舆论表达主要体现为微博官方账户的表达，线下
表达即报纸、电视等传统形式，同时包含传统形式内容的直接网络化部
分（如媒体官网上直接转载）。在官方微博的表达中，传统媒体通常以
两种方式加入网络舆情，一则通过新闻，二则通过评论。

当前，传统媒体依然是受众重要的新闻资讯来源，以广州佛山小悦
悦被碾舆论事件为例，通过文本的挖掘可以发现，尽管事件的热议产生
于微博平台，因事件属于突发公共新闻类，因此产生最大传播总量的用
户多为媒体微博。如表 6—3、表 6—4 所示，在小悦悦被碾发生和小悦
悦去世两个最大的舆论热点中，被碾发生的新闻源头是南方电视台的晚
间新闻内容，而小悦悦去世的新闻源头来源于《南方都市报》记者张
昊的个人微博报道。可见新闻制作设置媒体议程，传统媒体仍有一定的
舆论引导力。

表 6—3　　　　　　　　广州儿童小悦悦被碾事件媒体微博分析

事件发生事件: 2011.10.21 00:32					
最早报道	张昊nddaily		04: 33	南方都市报记者	
用户名	内容（源头）	发布时间	被转发数(f)	被评论数(r)	粉丝数(F)
南方都市报	奥一网（张昊nddaily）	2011-10-21 7:58	65432	15486	1481168
新周刊	原创	2011-10-21 9:28	23115	6641	3619038
都市快报	原创	2011-10-21 8:15	11675	1804	610573
南方日报	佛山电视台	2011-10-21 8:26	10332	2116	72990
新闻晨报	南方都市报 奥一网（张昊nddaily）	2011-10-21 8:56	4284	1073	943358
佛山日报	原创	2011-10-21 8:06	4405	858	287866
21世纪经济报道	原创	2011-10-21 11:12	2781	696	893392
中国新闻周刊	南方网	2011-10-21 9:30	2110	619	1279363
新京报	"据媒体"	2011-10-21 8:58	1197	404	720803
广州日报	原创	2011-10-21 8:12	1269	324	985336
青年时报	南方都市报 奥一网（张昊nddaily）	2011-10-21 9:52	872	261	393091

①　人民网舆情监测室，《2012 新浪媒体微博报告》，2013 年 1 月，人民网（http://yu-qing. people. com. cn/n/2013/0122/c210118 - 20281323. html）。

表6—4　　　　　　　　　　"小悦悦去世"话题媒体微博分析

事件发生时间：2011–10–13					
用户名	内容(源头)	发布时间	被转发数(f)	被评论数(r)	粉丝数（F
今日最新闻官方微博	南方电视台首页视频	2011/10/15 22:00	5892	1359	55297
新闻晨报	南都网 南方电视台首页视频	2011/10/16 12:20	13446	3941	943358
新周刊	南方电视台首页视频	2011/10/17 9:38	4175	2028	3619038
广州日报	南方电视台首页视频	2011/10/16 12:59	3060	621	985336
创业家杂志	南方电视台首页视频	2011/10/17 8:00	2857	762	1065260
青年时报	南方电视台首页视频	2011/10/16 13:39	1667	382	393091
成都晚报	南都网	2011/10/16 9:19	1292	414	114800
南方人物周刊	原创	2011/10/17 10:04	1023	465	1088504
都市快报	南方电视台首页视频	2011/10/16 12:48	1061	369	610573
新京报	原创	2011/10/17 8:44	918	333	720803
钱江晚报	南方视频（经处理）	2011/10/16 11:26	819	250	932973

　　微博平台的用户呈现感性、冲动、易改变等特征，而这与传统媒体的表达习惯有较大出入，因此多数传统媒体微博的线上表达仍选择新闻制作和新闻转发等优势领域，而避免产生人格化的评论，对于微博民间舆论中情绪激烈的热点问题也鲜有涉及。但随着传统媒体对微博平台表达的不断成熟，也有一些媒体主动卷入舆论热点。如《人民日报》官方微博。以党报形象出现的《人民日报》微博在2012年7月的大水事件中，对城市建设和规划提出了严厉拷问，2012年10月的方大国事件中，也是《人民日报》和新华社官方微博的三连问"一、你们果真做了全面、客观的调查吗，如果没有，为何仓促公布调查结果？二、你们是否因为调查手段不足而遭遇'被蒙蔽'，如果是，谁在蒙蔽你们？三、你们的调查所获果真形同公布的情况吗，如果不是，这是为什么？"将舆论总量推上最高峰值。

　　经过两年时间，经历了微博舆论对传统媒体传播力带来的巨大挑战后，传统媒体在面对舆论事件中，从单纯自我设置议程，到关注网络舆论选择性设置议程，再到通过议程设置主动卷入网络舆论的形成，经历了三个阶段。同时仍有大量的传统媒体处于网络舆论的巨大压力下，其舆论表达仍在探索之中。

第四节 基于社交媒体平台舆论领袖研究下的社会舆情监管模式探讨

在快速发展的信息技术时代，虚拟社会的管理模式成为一个极具挑战也亟待解决的重大课题。在解放思想、转变观念的前提下，更要充分理解和掌握信息技术变化的特征及趋势，并在此基础上突破旧有模式的局限，摸索出一套以管理理念及信息技术为核心的、适应当代中国社会国情、顺应互联网发展趋势的管理模式。

一 中国特色虚拟社会管理模式分析

（一）我国虚拟社会的管理对象

虚拟社会的运行主要由碎片状的信息、整合信息的各种运营平台、完成信息的生成、传播的用户三个层面共同构成立体空间。因此，虚拟社会的管理对象也分为三个层面。

1. 信息——分类及定义（自由流通—监督下流通—限制流通）

信息是网络环境生存和发展的基础，网络极大地扩展了人们可获取信息的规模及途径。从社会管理的角度，以法制法规为规范，衡量信息的可流动性，并对其进行合理分类，在分类的基础上，不同等级信息应采取不同的管理策略。

2. 平台——分类及定义（门户网站—论坛—微博—SNS—搜索引擎）

运营平台是互联网信息的载体，是个体用户与信息的物理连接点。因此，对平台的管理极为重要。这就需要对不同平台其运营机制、独特的传播特性、主要的受众人群进行研究，并根据不同的特征给出相应的管理建议。对于网络舆论的主要呈现而言，门户网站、论坛、微博、SNS、搜索引擎则是舆论升温、交锋的主要战场，对其传播特性、用户特征、用户心理应是管理策略的重要基础。

3. 用户——分类及定义（信息的设计者、发布者、接收者，含网络社群的舆论领袖）

互联网的双向性，打破了传者与受众的界限。因此，互联网用户即互联网信息传播的节点，而每一个节点都可以成为信息的生成者也可以成为信息的传播者，每个节点行为的不确定性导致了信息传播整体的不可控性，而每一个节点所覆盖的人际网络的复杂程度的不同又决定了每个节点对于网络信息传播、网络舆论的能量不同。因此，对于用户，从其内容生成、覆盖网络的复杂度两个重要因素出发，将整体用户从信息的生产、消费角度进行区分，可分为：信息的设计者、发布者、接收者、网络社群的舆论领袖等。一般受众呈现舆论图景，而舆论领袖则引导舆论方向，因此，针对每一类用户特点，应有不同的管理理念及管理方法。

（二）我国虚拟社会的管理目的和方法

1. 虚拟社会的管理目的：自由、自治、自律

虚拟环境与现实社会由用户及信息紧密相连，因此虚拟社会的管理应与整体社会管理的目的相统一，即应以"三个最大限度"为指导，最大限度地增加社会活力、最大限度地增加社会和谐因素、最大限度地减少社会不和谐因素。对于虚拟社会，针对其三个层面的用户，提出"自由、自治、自律"的三级管理目标。

信息——真实、自由流通。互联网的精神即真实、开放和自由，互联网的生命力亦在于信息的增殖能力和传播能力。因此，管理应遵循其基本原则，以保障信息的真实和自由为宏观目标。

平台——运作合法、平台自治。平台运作是对信息的整合处理，各网络平台特点及模式各异，建立良好的行业环境，实现平台自治、行业监督则是中观层面的管理目标。

用户——广泛的用户卷入，特别是"弱势群体的利益诉求表达"，信息使用的自律。作为微观层面，一方面，应丰富和完整互联网用户的群体，大力推进网络普及，使互联网成为普适信息平台，从而引导互联网信息及互联网舆论的生成向真实社会群体分布接近，成为真实社会的一面反光镜。另一方面，在此基础上促进用户信息使用的自律，建立互联网行为准则的普遍认知。

2. 虚拟社会的管理方法：监、控、疏、导

（1）监——实时舆情的监测

以了解为管理的起点，实时掌握舆情的动向，由解决问题向预测问题转变、在管理中占据主动。

（2）控——主流媒体、舆论领袖等发声点的掌控

认识并强化主流媒体对于舆论形成的作用点的方位、作用力大小、作用方向，使主流媒体承载的主流价值以顺应互联网特征的方式成长转变。同时加强对网络舆论领袖的发现和培养。

（3）疏——网络问政，及时疏解矛盾

在网络问政已成为当下各级管理部门普遍认可的管理模式时，应进一步明确网络问政的职能、规范网络政务线上线下的接口、完善网络问政的线上反馈机制，使网络问政不仅是应急产品，而是常规化、长效化。

（4）导——技术手段完成信息的设置和引导

信息技术是互联网世界的实现工具，因此在管理中各层级管理、各职能管理都应选择恰当的技术工具作为管理的辅助。在技术手段的支持下，有的放矢实现议程设置及舆论方向的引导。

二　我国虚拟社会的管理体系与建模

1. 纵向行政系统——独立的网络监管部门设置。

虚拟社会管理的行政归属，应一定程度上打破既有行政体制设置，当虚拟社会逐渐成熟，其形态和规模将在一定程度上接近真实社会，并在某些方面超越真实社会，因此依附于宣传等职能已无法满足管理需求，并可能引发管理和决策失误。故而，有必要将其行政部门独立形成纵向体系，即省管理办—市管理办—区县管理办的直管体系。

2. 横向职能设置—数据存储、宣传部门、网络管理完善虚拟社会管理的具体职能设置，对于数据、宣传及管理的边界设定。

3. 应急机制—突发事件下打破常规管理模式，与其他部门联动。

三　运用技术手段提升虚拟社会管理水平、建立信任评价机制

信息技术是互联网平台生存的最重要的基因，因此管理应对症下药。除管理观念改变之外，管理手段、操作方法都需要根据信息技术的发展进行调整。在面临信息技术带来的舆论管理的重大挑战之时，只要充分理解信息的本质，合理利用技术手段，则可以在管理中感受信息技术带来的便捷。

（一）舆论监测及热点分析——"舆论"领袖的实时监测模型及影响力评测机制

对互联网用户以一般受众和舆论领袖加以区分，可以看到舆论领袖

往往在内容的说服力和传播网络的复杂性上远胜于一般受众。因此，在舆论热点分析中，对于舆论领袖的实时监测、识别非常重要。将用户在平台表现的指标具体量化，并通过数学建模形成针对用户的舆论领袖影响力评测模型，在常规监测以及事件监测中都可以通过舆论领袖的影响力指标变化以及舆论领袖跟踪看到舆论进展的方向，从而可以作出辅助引导舆论的管理决策。

（二）网络舆论的解读——搜索引擎数据库挖掘与自然舆论的呈现

网络舆论复杂多变，如何能够看到公众关注的重点，如何了解具体事件中公众立场的表达，是对各级网管部门的巨大挑战。搜索引擎则是公众意见呈现的重要场所。关键词的设置，反映了多方信息在公众头脑中的沉淀；信息点击选择，反映了不同信息对于公众的吸引力。搜索引擎数据库的解读将帮我们回答主流媒体的信息传播和意见表达是否会影响网络公共话题的形成和扩散，以及它们之间存在着什么样的关系等问题，这些问题的解答将对主流媒体的议程设置有着直接的指导意义。

（三）舆论引导：一个中心，三个支点的立体化主流舆论场网络框架

通过搜索引擎的作用引导主流媒体网站、论坛 BBS、微博三个网络舆论主要战场间的信息流动以及议程设置。

在实时监控舆论以及把握关键用户、关键节点影响力的前提下，着眼整体网络舆论框架。虚拟社会网络随着用户的交叉，产生网络的重叠，诸多信息平台之间既有阻隔茧房，又有信息跨平台流动。对于主流价值而言，如何打破阻隔、实现信息的流动是传播的目的。同时，对于突发事件的信息爆发而言，如何利用平台之间的信息流动，有效地引导话题进展方向，则是舆论管理的目的之一。因此，需要对于现阶段在舆论形成中起主导作用的主流媒体网站、BBS 论坛、微博三个主要战场上的信息形成规律，使用人群的重叠、舆论领袖的特征等深入研究，继而进一步理解搜索引擎在浩瀚舆论中起到的将用户推送向某一平台信息的作用。因此网络复杂的舆论环境并非无章法可依，通过数据挖掘建模的方法，可以帮助管理者建立一个中心，三个支点的立体化主流舆论场网络框架。在理解网络框架的基础上，才能使这些"岛屿""快艇""桥梁"在舆论管理中为我所用。

（四）通过云存储及物联网发展，实现网络身份的统一，建立线上信用档案

互联网舆情监管的难点之一在于用户身份的模糊性。随着智能手机的普及、移动互联网的快速发展，互联网用户接口身份认证亟待解决。只有实现了网络身份的统一，才能使具体监管的法制法规落到实处，真正建立自由、自治、自律的监管环境。

1. 信用档案的采集、存储及隐私保护。网络行为的建档是实现了身份统一后的监管中的重要一步。与此相关的是严格的、在法律允许范围内的采集方式以及由管理者负责的存储及公民个人隐私的保护。网络信用建档，一方面是对整体国民信息的保护，防止攻击性数据挖掘；另一方面也对整体的隐私保护等从法制法规角度提出了更高要求。

2. 建立"信用—信息"的兑换机制——当信息已成为互联网硬通货币，则信用支付是必将踏出的一步。当信息成为构筑虚拟社会的重要基石，那么信息也必将成为虚拟社会运行的基本动力，因此信息的虚拟社会货币化是未来将面临的问题。而在完成信息货币化的过程中的重要一步，则是可以将信息与网络信用的兑换机制相建立。用户通过日常信息"消费"行为中积累网络信用，则在某些特定信息的获取中可以通过信用积累进行兑换。一方面培养用户网络行为自律；另一方面强化信息的价值属性。

四 网上网下信息传播统筹综合管理体系模型的建立

虚拟社会中无论信息还是用户行为都无法脱离真实社会而存在，同时在真实社会中萌芽的矛盾，在虚拟社会中将得到迅速发酵和发展，最终又将再次反馈到现实社会中表现为更激烈的行为，或表现为群体事件。因此，虚拟社会管理中，针对危机事件的信息传播的统筹管理体系亟须建立，而虚拟社会与现实社会的关联将极大地影响危机世界的管理及解决。

（一）信息的网上网下接口

传统媒体与网络媒体的接口。在当前的议程设置中，传统媒体已经主动出击新媒体领域，从网络找新闻线索，在事件发展中针对网络话题热点做深入解读等。可以说传统媒体正在主动呼应网络媒体平台的信息生产，反之，网络媒体的话题对传统媒体的呼应稍显薄弱。新媒体

"短、平、快"，传统媒体"扎实而深入"，因此作为传播主流价值观的主流媒体，应该如何利用传统媒体的影响力，如何在网络上以顺应网络媒体的形式来深化传统媒体的议程，是实现信息的网上网下接口的重要目标。

（二）信息热点与现实行为的转移——群体性事件

随着移动互联网的兴起，虚拟社会信息对于现实社会群体行为的影响被不断放大，社交网络的强大聚合力能在短时间内聚集大规模具有相同意见的用户。而通过 LBS 技术的应用推广，持相同意见的用户可以用最快的速度聚合到同一地点，这一点已经在欧美国家得到证实，而我国也正面临着这样的挑战。在这样的环境下，对于网络热点的监控与预判、对关键用户、舆论领袖的把控就成为关键的管理步骤。进而可以通过定位技术以及舆论监测手段监测在单一地点聚合的意见总量，而不再是用户数量，来看网络舆论与现实社会地点之间的关联，关联程度越高，群体事件的危机系数也越高。

（三）多机构的应急联动平台的建立

当网络舆论与现实社会产生密切联系，则在防控体系中仅仅依靠网络管理部门或仅仅依靠现实公共安全部门都无法及时、独立地解决问题。因此，多机构的应急联动平台的建立尤为必要。与现实社会灾害防范应急机制相似，网络危机事件的防控联动平台也需要由政府提供平台、网情研究中心监测、现实社会职能部门联动共同实现。在危机发生中，由网情监测中心给出危机信号，上报指挥中心，确认后激活整体平台，瞬间打破固有机构的垂直管理体系，横向迅速形成多机构多职能的联动平台，一般包含医院、公安、消防、社区等。

1. 政府指挥中心——激活平台横向职能

常态下不激活，危机情况下收到网情中心报告确认激活防控平台，同时负责统一的对外信息发布。

2. 网络舆情监测中心

数据平台——GPS 数据、信用档案系统、舆情监测系统等。整合三方综合数据，实时分析数据之间的关联程度，并进行预判断，当危机指数达到预警级别，向指挥中心报告，是整体联动平台的核心。

网络回应机制——搜索引擎倾向性引导、发现培养及激活主流舆论领袖、用户锁定。随着危机的处理及时跟进舆情的变化，调整切换引导

策略。同时，根据防控平台的行动，及时向网络平台以恰当的方式更新
进展，以辅助管理部门达到透明、公开的危机化解态度。

3. 社区应急网络

建立危机防范、常规化运行的社区应急网络。

4. 公安、消防、医院

灾害、危机事件中的常规职能。特别需要注意的是，不同职能部门
需要在一定程度上了解网络危机事件的特殊性，如新闻敏感性。在处理
及信息发布中应遵循防控平台的统一要求，谨防次级危机的产生。

第七章　总结与展望

中国互联网从 20 世纪 90 年代中期的新兴产业，到 2012 年深入人类每一个角落不足 20 年。互联网带给中国的改变不仅体现在改变了大众的媒介接触习惯、信息获取途径、社交习惯等，还体现在经济、政治等诸多领域，如改变了大众的经济生活行为、刺激了新的网络经济增长点、提升了民主政治生活中人们对于民主监督的主动权等。然而，回归本源，信息传播途径的改变、信息本身形态的改变，使互联网带来革命性技术创新，也由此带来了新的传播变革。网络传播实现了多媒体技术的整合，囊括了大众传播、组织传播、人际传播等一切现有的传播形式，并具有信息海量、交互性强等诸多特点。可以说，继文字发明、印刷术普及、电报发明后，互联网带来了人类第四次传播革命。[①]

互联网信息极大丰富，传播渠道低成本甚至零成本，以及在 Web 2.0 环境下以微博、社交媒体网站所代表的自媒体为每个个体的传播能力进行的技术赋权，都使得网络媒体逐渐成为受众信息消费中的主要选择之一，同时也成为公众舆论的重要呈现平台。在这样的数字时代背景下，本书以舆论学和传播学为理论出发点，研究舆论领袖的形态改变以及在舆论形成中的推动作用，并通过建模的方式对舆论领袖影响力进行量化解析，使之成为观察和分析微博舆论的有效工具。

第一节　对本书研究重点的总结

一　舆论领袖形态及在传播中作用的延伸

当媒介环境和媒介形态发生重大变化时，人与信息的关系也随之发

---

① 李良荣、郑雯：《论新传播革命——"新传播革命"研究之二》，《现代传播》2012 年第 4 期。

生了颠覆性的变化。舆论领袖概念的产生，主要用于描述大众媒介环境中受众中的部分精英阶层对其他受众信息获取以及内化形成认知过程中发挥的显著作用。而当互联网改变了传播中的传者和受众概念，使传受融合为一体，那在传播活动中依然存在的部分个体对他人意见形成的产生影响的现象应该如何定义？本书认为，这种作用依然是舆论领袖作用的体现，其核心在于对信息的过滤和个人意见的加注。然而，在表现方式上与传统媒体时代有较大不同，主要体现为当传统大众媒介也成为社交媒体平台的使用者，即在传播地位上与普通用户相同，同样为自我的社交媒体内容把关、对接收到的信息进行过滤再加工并使之进入传播渠道。因此，在社交媒体平台任一用户都有成为舆论领袖的可能，媒介本身也不例外。这就使得媒体本身，传统形式的内容生产主要通过议程的设置作用对公众舆论进行议程引导，那么在网络媒体平台则可以同时拥有议程设置和舆论领袖二级传播作用。此外，数字媒体平台的舆论领袖通过意见表达在网络平台聚合相似的意见个体，形成即时的群体意见，同时还能够通过裂变式的传播在最短的时间内将网络一致性意见转化为一致化的社会行为，给社会管理带来极大挑战。

　　在微博平台，本书将舆论领袖定义为在微博平台活跃的、能够对他人认知形成产生影响的社交网络关键节点用户，通常具有优势的渠道资源、专业的解读能力以及一定规模的直接受众。舆论领袖在形态上分为官方舆论领袖、民间舆论领袖和草根舆论领袖，在整体舆情的推进中，呈现出形成观点、引发关注、推动舆论的影响力。议程设置、二级传播等经典理论在微博平台依然适用，而沉默的螺旋随着微博的草根性特征被消解，在以认同为基础的订阅机制下转而体现为人群的聚合、诸多信息茧房的形成。微博平台的信息传递在网状空间中流动，每一个用户都是网络上的节点，而舆论领袖即是其中的关键节点，它所携带的每个粉丝都拥有自己的二级粉丝，由此为每一个舆论领袖带来信息爆炸式裂变传播的基础。微博的单向订阅机制使信息的传播在认同的心理基础上完成，提高了信息影响受众的有效程度。同时，微博平台独特的@机制，使信息的裂变式传播拥有了定向力，能够按照信息生产者的意愿将信息强制送达微博平台上的任何一个用户。

二　舆论领袖对微博舆论形成的推动作用

本书将微博舆论定义为在微博平台上，公众以网络身份对社会及社会问题产生意见、态度、行为等方面的表达，具有一致性、强烈性，同时具有理智和非理智成分，并对公众舆论的整体产生影响。则构成微博舆论的基本要素为：

微博舆论主体——公众中的微博使用者。

微博舆论客体——社会及社会现象、社会问题（公共性话题）。

微博舆论自身——微博内容中态度、意见、情绪表现的总和。

微博舆论数量——一致度，围绕某一公共性话题产生意见的倾向性。

微博舆论强度——内容中的言语表达、内在态度和行为产生。

微博舆论持续性——快餐式的微博信息消费行为，使其舆论的持续性较弱，除具有较强普适性的话题外，一般随着舆论客体的消失而消失。

微博舆论的功能表现——影响舆论客体在社会现实中的改变。

微博舆论的质量——是否不实信息引发的舆论。

微博舆论的行动导向——社会动员能力。

舆论领袖除了将个人意见广泛传播外，在网络平台可以与他人进行对话，并在对话中不断修正个人观点，最终融入网络意见表达中的主导性倾向，因此舆论领袖加速了舆论形成过程中从个人意见表达到形成一致意志的过程。

在微博舆情事件中，舆论领袖又分为既有舆论领袖和即时舆论领袖。既有舆论领袖通常在某些领域拥有较稳定的影响力，一旦在相关舆情中被唤醒则使原有影响力得以发挥，因此也是舆情中易观察到的舆论领袖。即时舆论领袖通常与事件本身相关，或为事件主体或为事件的信息首发者，引发关注，其信息的发布对舆论的发展有较大的影响。这类舆论领袖在舆情酝酿期难以被发现，一旦形成热点，在事件中将成为主要的舆论领袖，但通常其领袖作用也会随事件的消解而逐渐消失。

三　舆论领袖在微博平台的影响力解析

本书所讨论的影响力是指对微博舆论形成中的影响力，从舆论主客

163

体的关系出发，将影响力具体化为其传播能力、覆盖能力、自身活跃度三个维度，并细化为可获取的数据变量。舆论领袖的影响力测评体系的建立将是对微博舆论进行观察研究的有力工具。评测系统包含影响力计算公式和专家评价系统两部分。在具体使用中，影响力测评系统在海量数据的输入的情况，可实现对既有舆论领袖传播活动的观测以及对潜在即时舆论领袖出现的预判。对于舆论的管理而言，在数字化的平台上通过数据挖掘分析所获得的舆论理解是最接近自然舆论的，也使得对舆论的引导能够做到有的放矢。经过案例检验模型具有较强的说服力，同时通过模型对事件的分析，可以看到舆论领袖在舆论中的作用体现为对舆论主体的聚合、对舆论客体的改变、对舆论规模强度的提升。

第二节　展望

本书在理论和研究方法上尝试了创新，在理论演绎的基础上重点使用数据挖掘、模型检验等数理方法，对经典大众传播理论中的舆论领袖理论进行当前媒介环境下的解读。在传统媒体与新媒体共同构建的舆论环境下，讨论舆论领袖的理论表达，拓展其理论意义和应用价值。在剖析微博平台的二级传播规律的基础上，以舆论学和传播学为研究视角，观察并分析微博舆论形成的规律以及其中舆论领袖的阶段性作用。

学科的融合是数字媒体时代进行媒介分析的必然选择，本书的难点亟待完善之处亦出于此。

1. 本书重点体现了传播学和信息科学的学科融合。

在研究中，需要在充分了解传播学理论、系统进行传播规律梳理的基础上，同时具备对数据挖掘的把握能力。把对舆论的解剖转化为合理的在海量数据中进行数据挖掘的框架和逻辑，才能获得较为准确的模型。因此，研究中既要避免对规律总结的主观性，又不能过于依赖数据本身。必须在严谨的传播学、舆论学理论架构中指导数据的分析，才能使研究结果真正有助于解析当前复杂媒体环境中的舆论构成，并找到舆论领袖作为重要网络节点在舆论中的具体发力方式。

2. 舆论领袖概念在社会科学领域广泛应用。

除传播学外，研究中还要涉及政治学、舆论学、社会学。因此，要将整体的研究需要放在政治学、舆论学、社会学、社会心理学四个相关学科的角度进行考量。同时，在传播学框架下出发研究的舆论领袖形态演变、影响力模型也必须在以上四个学科进行反思以及其理论意义的界定。

3. 笔者在社会学、政治学、心理学方面理论储备的不足，对于此研究的深入有一定的阻碍，因此在理论的演绎方面还有许多欠缺。此外，对模型的检验，尚需海量数据和多类型的案例检验，对于数据库技术、算法效率的提高等都有较高的要求，还需与计算机方向的专业人士进行更多的交流，以完成对模型的完善。

综上所述，本书以舆论学和传播学为视角，以其中舆论的形成、新媒体传播规律为切入，主要从机制、传播规律、作用等角度对网络舆论、微博舆论领袖、影响力等方面进行研究。对微博舆论领袖和网络舆论领袖在公共空间中的话语解析、权力解析不足，对公共事务中的舆论领袖所体现的国家—社会二元关系并无涉及。在未来的研究中，将以此次的中微观研究为基础，补充和加强宏观问题的框架设计。同时，政治学、社会学的宏观解析也将使笔者能够更清晰地发现舆论领袖在当下整体社会环境中的作用，使整体的舆论领袖研究更为立体、完整。

参考文献

一　著作

[1] 〔美〕希伦·A. 洛厄里、梅尔文·L. 德弗勒：《大众传播效果研究的里程碑》，刘海贵等译，中国人民大学出版社 2004 年版。

[2] 〔美〕桑斯坦：《信息乌托邦》，毕竞悦译，法律出版社 2008 年版。

[3] 〔美〕麦库姆斯：《议程设置》，北京大学出版社 2008 年版。

[4] 〔美〕朱莉·詹森：《作为病态的粉都——定性的后果》，杨玲译，北京大学出版社 2009 年版。

[5] 〔美〕乔纳森·弗里德曼：《文化认同与全球化进程》，郭建如译，商务印书馆 2003 年版。

[6] 郭庆光：《传播学教程》，中国人民大学出版社 1999 年版。

[7] 刘建明：《舆论学概论》，中国传媒大学出版社 2009 年版。

[8] 吕文凯：《舆论学简明教程》，郑州大学出版社 2008 年版。

[9] 李国民：《专家谈网络舆论监督》，《检察日报》2009 年 4 月 8 日第 5 版。

[10] 李开复：《微博，改变一切》，上海财经大学出版社 2011 年版。

[11] 刘建明：《当代舆论学》，陕西人民教育出版社 1990 年版。

[12] 刘建明：《社会舆论原理》，华夏出版社 2002 年版。

[13] 孟小平：《揭示公共关系的奥秘——舆论学》，中国新闻出版社 1989 年版。

[14] 陈力丹：《舆论学——舆论导向研究》，上海交通大学出版社 2012 年版。

[15] 韩运荣、喻国明：《舆论学原理方法应用》，中国传媒大学出版社

2005 年版。

[16] 谢耘耕：《中国社会舆情与危机管理报告（2012）》，社会科学文献出版社 2012 年版。

[17] 祝新华、单学刚、胡江春：《2011 中国互联网舆情分析报告》，社会科学文献出版社 2011 年版。

[18] 人民网舆情监测研究室：《2012 中国互联网舆情分析报告》，社会科学文献出版社 2012 年版。

[19] 陶东风：《粉丝文化读本》，北京大学出版社 2009 年版。

[20] 谢耘耕：《中国社会舆情与危机管理报告（2012）》，社会科学文献出版社 2012 年版。

二 论文

[1] Venkatraman, M. P., "Opinion leaders, adopters, and communicative a-dopters: A role analysis", *Psychology and Marketing*, Vol. 6, No. 1, 2006.

[2] Rhee. J., Kim. E. and Kim. H., "Exploring Online Opinion Leadership: A Validity Test of the Concept in the Digital Age", *The annual meeting of the International Communication Association*, San Francisco, May 2007.

[3] Schuster D V, Valente T W, Skara S N, et al. "Intermedia Processes in the Adoption of Tobacco Control Activities Among Opinion Leaders in California". *Communication Theory*, Vol. 16, No. 1, 2006.

[4] Frank, C. S. Liu, "Constrained opinion leader influence in an electoral campaign season: revisiting the two – step flow theory with multi – agent simulation", *Advances in Complex Systems*, Vol. 10, No. 2, 2007.

[5] Dorothy Leonard – Barton, "Experts as Negative Opinion Leaders in the Diffusion of a Technological Innovation", *Journal of Consumer Research*, Vol. 11, No. 4, Mar. 1985.

[6] Michel Clement. etc., "Do critics make bestsellers? Opinion leaders and success of books", *Journal of Media Economics*, Vol. 20,

167

No. 2, 2007.

［7］Duncan J Watts, Peter Sheridan Dodds, "Influentials, Networks, and Public Opinion Formation", *Journal of Consumer Research*, Vol. 34, Iss. 4, 2007.

［8］Eastman, "Opinion Leaders and Opinion Seekers: Two New Measurement Scales", *Journal of Academy Marketing Science*, Vol. 24, 1996.

［9］Shoham, A. and Ruvio, A., "Opinion leaders and followers: A replication and extension". *Psychology and Marketing*, Vol. 25, 2008.

［10］Ladd J. "The Neglected Power of Elite Opinion Leadership to Produce Antipathy Toward the News Media: Evidence from a Survey Experiment", *Political Behavior*, Vol. 21, No. 1, 2010.

［11］黄旦：《舆论：悬在虚空的大地？——李普曼〈公众舆论〉阅读札记》，《新闻记者》2005 年第 11 期。

［12］韩运荣、喻国明：《关于舆论领袖的"素描"》，《新闻知识》2005 年第 6 期。

［13］成然：《传媒"议程设置"与公共知识分子》，《新闻界》2005 年第 6 期。

［14］刘畅、张潇扬：《"传统回归"与"两级传播"》，《传媒观察》2006 年第 5 期。

［15］梁莹：《20 世纪 90 年代我国青年舆论领袖的梳理和分析》，《中国青年研究》2011 年第 9 期。

［16］邓若伊：《网络传播与"舆论领袖"理论调适》，《新闻与传播研究》2011 年第 3 期。

［17］谭伟：《网络舆论概念及特征》，《湖南社会科学》2003 年第 5 期。

［18］蒋乐进：《论网络舆论形成与作用》，《北京理工大学学报》2006 年第 4 期。

［19］李勇：《网络舆论与网络舆情的转化及作用》，《新闻前哨》2012 年第 5 期。

［20］廖卫民：《上海"1115"特大火灾舆论波研究》，《当代传播》2011 年第 1 期。

［21］ 陈立敏：《微博与传统媒体关系探微》，《新闻爱好者》2011 年第 3 期。

［22］ 赖晴：《正确引导微博舆论》，《理论探索》2011 年第 3 期。

［23］ 荆丽娜：《互动与融合：试论微博客舆论与传统舆论的关系》，《活力》2010 年第 12 期。

［24］ ［英］希瑟·萨维尼：《公众舆论、政治传播与互联网》，张文镝译，《国外理论动态》2004 年第 9 期。

［25］ 刘毅：《从社会心理学视角分析网络舆情引导》，《当代传播》2008 年第 3 期。

［26］ 田宇等：《从"乐清事件"看网络时代政府舆论引导》，《新闻世界》2011 年第 7 期。

［27］ 刘志明等：《微博网络舆情中的意见领袖识别及分析》，《系统工程》2011 年第 6 期。

［28］ 芦何秋等：《新浪微博中的意见活跃群体研究——基于 2011 年上半年 27 件重大网络公共事件的数据分析》，《新闻界》2011 年第 6 期。

［29］ 谢耘耕等：《微博舆论生成演变机制和舆论引导策略》，《现代传播》2011 年第 5 期。

［30］ 李良荣等：《新舆论领袖论——新传播革命研究之四》，《现代传播》2012 年第 6 期。

［31］ 赵立：《团结舆论领袖传信舆论引导模式》，《青年记者》2010 年第 12 期。

［32］ 陈安迪：《发挥主场优势成为意见领袖——地方政府如何应对网络舆情》，《青年记者》2010 年第 8 期。

［33］ 林如鹏等：《网络媒体舆论传播分析》，《当代传播》2004 年第 5 期。

［34］ 喻国明：《解读新媒体的几个关键词》，《广告大观》（媒介版）2006 年第 5 期。

［35］ 蒋洪梅：《微博客的特点及其舆论影响力》，《新闻爱好者》2011 年第 5 期。

［36］ 张建平：《微博给力舆论新格局》，《新闻知识》2011 年第 4 期。

［37］薛薇：《试析中国 SNS 网站广告营销模式传播创新——由舆论领袖引导的用户卷入广告营销模式》，《新闻知识》2009 年第 9 期。

［38］乔金星：《企业微博：品牌营销新工具》，《今传媒》（学术版）2010 年第 5 期。

［39］曹鹏等：《Twitter 中近似重复消息的判定方法研究》，《中文信息学报》2011 年第 1 期。

［40］肖宇等：《网络社区中的舆论领袖特征分析》，《计算机工程与科学》2011 年第 1 期。

［41］周裕琼：《网络世界中的舆论领袖——以强国论坛"十大网友"为例》，《当代传播》2006 年第 3 期。

［42］张秀敏：《浅析名人博客的受众接受特征》，《新媒体》2009 年第 2 期。

［43］黄宏：《韩寒博客的影响力评析》，《新闻界》2010 年第 5 期。

［44］桑亮等：《微博舆论领袖的形成机制及其影响》，《新闻与传播研究》2011 年第 3 期。

［45］胡优玄等：《从三鹿奶粉事件看地方政府的危机决策》，《重庆科技学院学报》2009 年第 5 期。

［46］莫东江：《90 年代美国的公民权和公民权教育》，《青年研究》1998 年第 8 期。

［47］李希光、郭晓科：《"网络信息管理"专题——群体性事件的网络舆论引导》，《行政管理改革》2012 年第 6 期。

［48］唐乐：《从"传者—受者"到"对话者"》，《新闻大学》2011 年第 2 期。

［49］李名亮：《微博、公共知识分子与话语权力》，《学术界》2012 年第 6 期。

［50］程士安：《微博粉丝行为解读》，《中欧商业评论》2011 年第 11 期。

［51］廖卫民：《上海"11·15"特大火灾舆论波研究》，《当代传播》2011 年第 1 期。

［52］陈立敏：《微博与传统媒体关系探微》，《新闻爱好者》2011 年第 3 期。

［53］程士安：《微博领袖影响力研究——以传统媒体官方微博为例》，《广告大观》2012 年第 8 期。

［54］刘远军：《论网络空间"身体超重"与"精神家园"重构》，《编辑之友》2011 年第 12 期。

［55］王彩苹：《微博构建的媒介现实》，《行政管理改革》2012 年第 4 期。

［56］庞清辉：《听证"达人"胡丽天：网友指桑骂槐我就是那桑树》，《中国新闻周刊》2011 年第 27 期。

［57］阮璋琼：《危机传播研究关注的主要议题——危机传播研究综述》，《东南传播》2007 年第 11 期。

［58］喻国明、陈墙：《危机传播的法则与艺术——以央视新台址大火的网络舆情危机及处理策略为例》，《新闻与写作》2009 年第 1 期。

［59］李良荣、郑雯：《论新传播革命——"新传播革命"研究之二》，《现代传播》2012 年第 4 期。

［60］高萌萌：《网络舆论传播下沉默的螺旋的反旋上升研究》，硕士学位论文，武汉理工大学，2009 年。

三　网络文献

［1］曹军波：《去中心化是移动互联网发展趋势》，2011 年 5 月，艾瑞网（http：//wireless. iresearch. cn/16/20110526/140634. shtml）。

［2］康钊：《手机成上网第一终端：微博增长最快》，2012 年 7 月，新浪科技（http：//tech. sina. com. cn/t/2012 – 07 – 31/01397445951. shtml）。

［3］新浪公司，《新浪 2014 年第三季度财报》，2014 年 11 月，新浪科技（http：//tech. sina. com. cn/i/2014 – 11 – 14/05309789968. shtml）。

［4］上海交通大学舆情研究实验室：《2010 中国微博年度报告》，2010 年 12 月，百度文库(http://wenku. baidu. com/link？url = UrMcjAo-jGpHkOBHo7oXZw7 – nY5QCLZCz0kEBHmb0gIQAk – dfVbA – wU qm RB0ACuUIyonNhdDOa7LLxpDQ6DgPVS49YK06 – Dnian H3IuEwo W3）。

［5］中国互联网络信息中心：《第 31 次中国互联网络发展状况统计报告》,2014 年 3 月，中国互联网络信息中心（http://www. cnn-ic. net. cn/hlwfzyj/hlwxzbg/hlwtjbg/201403/t20140305_46239. htm）。

［6］人民网舆情监测室,《2012 新浪媒体微博报告》，2013 年 1 月，人民网 （http：//yuqing. people. com. cn/n/2013/0122/c210118_ 2028132 3. html）。